소설가는 어떻게 만들어지는가

스토리코스모스 에세이
소설가는 어떻게 만들어지는가

스토리코스모스

| 차례 |

만년필에 대하여 | 방성식　08
운다고 문이 열리는 것은 아니지만 | 서애라　42
사랑이 망하고 남은 것들 | 이　밤　96
나는 소설의 신을 만났다 | 이상욱　134
내 소설의 비밀병기: 활자카메라 | 이시경　158
활자 중독자의 내면 풍경 | 이한얼　188
주변인으로서의 작가 | 임재훈　208
현실은 복제되지 않는다 | 최이아　238

기획 후기
소설가를 만드는 건 재능이 아니다 | 박상우　269

만년필에 대하여

방성식

1. 혼자서만 잘났던 인간

외갓집은 대를 이어 절을 운영하고 있다. 외조부와 외삼촌은 태고종의 스님이시며 나 또한 유년 시절의 일부를 사찰에서 보냈다. 산으로 둘러싸인 암자와 비가 내릴 때마다 축축해지던 숲속의 공기, 아침잠을 깨우던 산새 소리와 외조부께서 작업을 하던 공방의 풍경이 생생하게 그려진다. 그 당시 외할아버지는 아직 승적을 하시기 전으로 불상과 벽화, 병풍을 제작하는 공예가로 활동하셨다. 나는 종종 외조부의 작업실에 숨어들어 가곤 했다.

얇게 잘린 나무에서 나는 냄새가 좋았다. 톱밥 담긴 농축된 숲 향기와, 죽풀과 전분을 이겨 만든 목공 풀의 냄새, 희미하게 남은 옻 냄새가 호기심을 자아냈다. 금기에 대한 두려움조차 없었던 나는 미륵불과 관세음보살, 다문천왕 사이를 겁도 없이 돌아다녔고, 할아버지의 조각칼과 연필, 돼지털로 만든 필기구를 건드려

보기도 했다. 산에서 자란 일곱 살짜리였던 내겐 인간 문명의 전부인 것 같은 방이었다.

심심했던 나는 외조부의 책상을 뒤적거렸다. 용도 모를 나무와 철, 종이로 만들어진 물건들 중에서 잉크가 덕지덕지 묻은 이상한 펜을 발견했다. 광택 있는 곡선형의 금속재로 만들어진 펜이었는데 정밀기계처럼 정교한 만듦새가 매혹적이었다. 그것의 아름다운 자태는 필기구라곤 크레파스와 연필밖에 몰랐던 나를 순식간에 매료시켰다. 완전히 다른 세상에서 만들어진 물건 같았다.

외조부께 만년필을 달라고 졸랐던 것도 같지만, 나는 아직 유치원도 못 들어간 꼬맹이였고 혼자 힘으로 잉크를 채우거나 펜 내부를 세척하지도 못했다. 나만의 만년필을 갖게 된 것은 한참의 시간이 지난 중학 시절이었다. 친척 아저씨께 받은 입학 선물이었는데 외조부의 것처럼 낡은 펜이 아닌 백화점 포장지에 담긴 새 제품이었다. 브랜드는 기억나지 않지만 벽돌 색깔의 클래식한 펜이었던 걸로 기억한다. 친구들이 사용하던 하이테크 따위와는 비교도 안 될 만큼 멋있었다.

사춘기 소년에겐 또래 집단의 인정이 중요하다. 돌아보면 그 당시엔 나도 친구들의 관심을 즐기는 편이었다. 손에 익지도 않은 펜을 챙겨 등교한 것도 같은 이유에서였을 거다. 주의를 끌고 싶었던 나는 일부러 사각사각거리는 펜촉 소리까지 냈는데, (당연하게도) 그다지 부러워하는 친구는 없었지만 몇몇 선생님들의 관심을 끌었다. 그들은 자신의 대학 시절을 그리워하거나 만년필 브랜드의 특징을 줄줄 읊어대더니, 수업이 끝난 뒤엔 비슷한 질문을 했다.

"성식이는 작가가 되고 싶니?"

나는 당혹스러웠다. 만년필이 작가를 연상시킨다는 것을 몰랐던 데다, 딱히 작문에 흥미를 가진 것도 아니었기 때문이다. 록 음악에 빠져 있었던 나는 기타를 배우거나 밴드를 만드는 상상 같은 걸 하며 시간을 보냈는데, 섹시한 록 스타들에 비하면 시인이나 소설가는 모범생 같아서 별로였다.

그럼에도 담임선생님은 나를 문예창작부로 배정하셨다. 국어 교사인 자신이 맡은 동아리가 인원 미달이 되는 걸 막기 위해서였다. 덕분에 학기마다 작문 대회와 군 단위 백일장, 지역 대학 공모전에 출전했고 거의 매번 입상했다. 그러다 보니 주변으로부터 글쟁이, 책벌레, 문학소년 등의 별명이 붙었다. 어리둥절하면서도 약간은 억울했다. 나의 꿈은 분명 록 스타였는데……

그래도 나쁜 일은 아니었다. 작문 주제라고 해봤자 국가안보와 위국헌신, 부모님께 보내는 편지 정도가 고작이었고, 나는 정해진 틀에 맞춘 글을 무한정으로 천연덕스럽게 양산할 수 있었다. 나중에는 친구들의 글쓰기 숙제나 반성문, 짝사랑에게 보내는 편지까지 대필하며 이삼천 원 정도의 대가를 받았다. 덕분에 게임이나 기타 부속을 사는 등의 취미를 즐길 수 있었다. 글에 대한 편견이 생긴 것도 그때쯤이었다.

'글을 쓴다는 건 특별한 거구나.'

열다섯의 나는 세상 물정 모르는 애송이였다. 작문을 부탁하는 친구를 주체성이 없는 멍청이 취급했고, 그래서 네 생각이 뭐냐고, 어떤 글을 원하는 거냐고 면박을 주기 일쑤였다. 키보드에 손만 올려도 글이 나오던 나와 다르게 그들은 쓸데없는 걱정으로 시간을 낭비했고, 서식과 양식, 종이와 볼펜의 색을 고민하다 글 자체를 포기해버렸다. 나는 친구들이 과제를 다루는 방식을 이해할 수 없었다.

'어째서 문제를 해결하지 않지?'

현실의 문제는 글쓰기와 같다. 문제의 본질을 찾아내는 건 다듬어지지 않은 글을 교정하는 것과 동일한 과정이며, 문장이 난삽해지는 것은 작자가 글과(문제와) 자신을 분리하지 못해서 나타나는 현상이다. 의식과 감정으로 복잡해진 일도 의미 인과관계를 재배열해 보면 해결책이 드러난다. 돈이 없으면 벌면 되고, 성적이 나쁘면 공부하면 되고, 비호감인 친구는 손절하면 그만이다. 이성 관계도 마찬가지다. 운동이나 악기, 상냥한 대화를 연습하면 적어도 무시당할 일은 없다. 글로 정리하면 단순해질 일에 감정을 소모하는 이유를 이해하기 어려웠고, 가끔은 그들이 한심해 보이기도 했다.

그렇다고 잔소리나 조언을 하지도 않았다. 한두 걸음 떨어진 곳에서 다른 학생들의 번뇌를 지켜보기만 했다. 친구끼리의 다툼과 배신, 원치 않는 임신과 짝사랑의 아픔, 따돌림과 폭행, 자살과 비관을 외면한 채, 그 자체로 이상적인 문장 속에서 머물렀다. 페이지에 적힌 세상은 비이성적이고 불미스러운 일과 분리된 안전지대였다.

하지만 내게는 친구가 없었다. 자연스럽게 몰려다니는 무리는 있었지만, 함께 게임을 하고 점심을 먹는 것 이상의 교감은 없었다고 생각한다. 나는 그들의 불행과 고민에 관심을 갖지 않았다. 내가 사는 세상은 책 속에 있었고, 생기 넘치는 허구에 비하면 면 단위 시골에서의 일상은 닳고 닳은 통속에 불과했다. 고만고만한 비극과 자질구레한 다툼, 사이 나쁜 부모님에 대한 고민은 지루할 뿐이었다. 좀처럼 개입하고 싶지 않았다.

그럼에도 외톨이고 싶진 않았다. 겉보기에 나는 아무런 문제 없는 모범생이었고, 그 시절의 교사들에게 전문성 있는 상담을 기대하기도 어려웠다. 무엇보다 남들에겐 보이지 않는 마음의 결락을 설명할 자신도 없었다. 고민하던 나는 외조부가 계시던 사찰의 비구 스님에게 설법을 청했다. 열여섯이었나, 중학교를 졸업하기 직전이었다.

"인연을 갖지 못하는 사람도 있나요?"

나름대로 불경에서 따온 질문이었다. 불교에선 직접적인 원인인 인(因)과 간접적 원인인 연(緣)으로 만물의 상호의존성을 설명하지만, 나에게 인연이란 굳이 경험하고 싶지 않은 불확실성을 연상시켰다. 불완전한 바깥세상과 어울리고 싶지 않았다. 완벽한 문장은 그 자체로 완결되어 있지 않은가.

스님은 온화한 미소로 답변해 주셨다.

"인연이란 비단 인간들만의 것이 아닙니다. 만물의 형상과 존재는 끊임없이 변화하며, 이는 모두 일시적으로 갖춰진 현상입니다. 있다고 있는 게 아니고 없다고 없는 게 아니며, 갖거나 버릴 수도 없는 것입니다."

집착과 아집을 버리라는 뜻이겠지만, 고작 중학생이던 나에겐 공허한 사상이었다. 만물이 무의미한 허상이라면 지금까지처럼 주변을 외면해도 괜찮지 않나? 흘러가는 세상을 남의 일로 여기는 것과 무엇이 다르겠는가?

실망한 기색을 읽었던 건지 스님은 말끝에 힘을 실었다.

"그렇다고 인연이 무의미하진 않습니다. 서로 연결된 삶에서 우리는 각각의 행동과 선택에 영향을 받죠. 종국엔 인과율에 따라 자기 삶에 대한 책임을 지게 됩니다. 수많은 중생들이 만물의 무상함에 집착하는 오해를 겪지만, 무아(無我)에 대한 집착은 더는 무아가 아닌 번뇌가 됩니다. 얻은 만큼 버려야 주변이 보일 겁니다."

집에 돌아와 그동안 받았던 수상 문집을 살펴봤다. 비문 하나 없이 매끄러운 문장 속에서 이전엔 알지 못했던 결락을 발견했다. 부족함을 채우고자 퇴고를 거듭할수록 사족이 덕지덕지 붙어 지저분해졌다. 도대체 무엇이 비어있는 걸까.

학창 시절 글쓰기는 중학 시절까지였다. 고등학교 진학 후엔 밴드부에 들어갔고 삼 년 내내 동아리방에서 기타만 튕기다 졸업했다. 만년필은 세척해두지도 않고 서랍장에 처박아 뒀는데 나중에 보니 펜촉이 새파랗게 녹슬어 있었다. 이미 사라진 회사의 제품이라 AS도 불가능했다.

만년필을 처분한 뒤, 나는 새로운 펜을 검색했다. 십 년의 시간이 지나며 나는 신문기자가 되어 있었다. 정말로 만년필이 필요한 직업이었다.

2. 글밥은 공짜로 먹니?

이십 대 중반의 나는 꽤나 활동적이었다. 전역 직후에 떠난 유럽 여행이 계기가 되어 한동안 멈췄던 글쓰기도 재개했다. 월급을 모은 2천만 원으로 항공권과 유레일패스를 사고, 길거리 공연으로 식비를 벌며 전 유럽을 떠돌아다녔다.

처음에는 유튜브에 올릴 영상을 만들 생각이었는데, 원고 삼아 쓰던 블로그에 반응이 오며 꾸준히 읽어주는 독자가 생겼다. 유럽과 버스킹이라는 소재가 꽤나 낭만적으로 읽혔던 데다 때마침 해외여행 에세이가 관심을 끌던 시절이기도 했다. 덕분에 한 크라우드펀딩 업체에서 출판 투자를 받아 책을 낼 수 있었다. 기쁘면서도 약간은 얼떨떨했고 한편으론 걱정도 됐다.

'내가 뭐라고?'

나는 책을 낼 만한 사람이 아니었다. 십 년이라는 시간 동안 학위도 받고 군대도 갔다 왔지만, 그건 그저 주어진 일을 끝낸 것일 뿐이었다. 여행기의 틀을 빌려 중세 이전의 사회적 믿음과 관념, 신앙 등의 절대적 가치가 무너진 현장을 기록한 책이었으나, 학술적 가치나 독창성을 추구한 글은 아니었고 작자인 나의 통찰력도 대단한 것은 아니었다. 기존의 질서를 무너뜨린 이후의 대안을 제시하지도 못했다. 작가라 불리기엔 한없이 부족한 성과였다.

그럼에도 결과로 인한 인력이 발생했다. 선배들은 이왕 책을 냈으니 언론사 시험에 응시해 보라고 조언했고, 나도 출간 경험을 스펙 삼아 이력서를 작성했다. 그리고 불과 삼 개월 만에 최종 면접을 받게 됐다. 크지도 작지도 않은 규모의 경제신문사였다.

"방성식 씨는 출간 경험이 있네요. 어떤 책인가요?"

무테안경을 걸친 깐깐한 인상의 데스크였다. 나는 겸손한 척 일부러 성의 없이 대답했다. 책에 대한 질문이 부담됐던 탓이었다.

"근대 유럽에 대한 책입니다. 산업혁명과 양차 세계대전 이후 종교와 문화, 인간성에 대한 믿음이 무너져가는 과정을 담았습니다."

대답과 동시에 압박이 들어왔다.

"그런 책을 왜 쓰죠?"

그의 무례한 질문에 퉁명스럽게 답했다. 어차피 1지망인 회사도 아니었다.

"독자들이 바랐으니까요."

당연히 탈락할 거라 예상했는데 이삼일 뒤에 합격 문자를 받았다. 적잖이 당황했던 나는 종합일간지에 근무하던 선배를 찾아갔다. 기자로서 갖춰야 할 취재 윤리나 직업관에 대한 조언을 기대했던 것과 달리 선배는 경제지에서는 영업능력도 중요하다며 기업 홍보팀과 광고 담당자를 구워삶으라고 했다. 술도 먹고 골프도 치고 경조사도 챙기란다.

"기자가 왜 그런 일을 해요?"

그는 나를 어이없이 바라봤다.

"글밥은 공짜로 먹니? 신문사도 살아남아야지."

무언가 잘못됐다는 직감이 들었으나 무한정 백수로 시간을 보낼 수는 없는 일이었다. 실제 업무는 보람찰 거라며 불안을 달랬지만 슬프게도 선배의 말은 거짓이 아니었다.

오리엔테이션이 끝나던 날, 집으로 돌아오던 길에 종로구 지하상가에 들렀다. 인터넷으로 찾은 만년필 전문점에 방문하기 위해서였다. 3만 원 정도의 예산 안에서 골라보니 쉐퍼라는 미국 브랜드의 제품이 눈에 들어왔다. 실버와 블루가 섞인 크롬 도장의 광택과 날렵하면서도 직선적인 몸체가 세련돼 보였다. 이십 대 중반인 내가 들고 다니기에도 노숙해 보이지 않는 디자인이었고 사용해 본 필기감도 만족스러웠다. 생각하기도 전에 글이 먼저 흘러나올 만큼 매끄러웠다.

"그런 펜은 오래 쓰지도 못해요. 말이 미제지 중국에서 만든 OEM이거든요. 기껏해야 삼 년 쓰면 다행일걸요?"

점장은 비슷한 가격의 일제 만년필을 추천했으나, 미국의 남성적인 기상에 푹 빠진 나에게 가벼워 보이는 학생용 펜은 성에 차지 않았다. 입문용이라 망가져도 괜찮다고 했지만 점장은 끝까지 떨떠름한 표정을 바꾸지 않았다.

"어차피 바꿀 거라면 어째서 만년필이죠?"

어쩐지 약간은 조롱하는 말투였다. 겉멋만 들은 애송이라며 혀를 찼을지도 모른다. 하지만 만년(萬年)이라는 건 이름뿐이지 않나? 아직 서른도 안 됐던 내게 이삼 년이란 경험은 충분히 감당할 수 있는 시간이었다. 조심히 아껴 쓰겠다면서 상가를 벗어났다.

만년필은 기대 이상으로 요긴했다. 학부 시절에 배운 속기술 덕이었는데, 전자기기가 없는 환경에서도 신속한 기록이 가능했던 데다 필체가 암호 형태라 취재원들의 시선을 의식하지 않아도 된다는 점이 좋았다. 사각대는 소리와 함께 휙휙 적어 내리는 모습이 인상적이었는지 "아, 그 만년필 들고 다니는 양반?"이라며 나를 기억해 주는 분들도 있었다. 선배의 조언대로 수십 명의 출입 기자 틈에서 돋보이려면 나만의 개성을 어필할 필요가 있었다. 조중동 같은 대형 언론사 간판을 달거나, 폭로 기사로 홍보팀을 압박한다거나, 광고성 기사를 기획해 준다거나…… 방법은 가지각색이었지만 나는 누구에게도 부담을 주지 않는 만년필을 선호했다.

경제지 기자는 비교적 편한 직업이었다. 일간지 기자처럼 범죄 조직이나 종교 단체, 대기업 총수와 대적할 일도 없었고 미행이나 협박, 신변의 위협을 걱정할 일도 없었다. 아침이 되면 관계가 좋은 기업의 기자실로 출근해 기삿거리를 찾았다. 메일로 받은 보도 자료에서 소재를 발굴해 단신 기사로 올리거나 취재를 거쳐 대표 인터뷰와 특집 기사를 싣기도 하며, 이전에는 알지도 못했던 분야의 사람들을 만나 밥과 술을 얻어먹었다. 그렇게 관계가 누적된 기업들을 광고국에서 개최하는 세미나에 초대해 후원금과 구독 계약, 광고 계약을 요구하는 것이 내가 맡은 일이었다. 덕분에 나는 글밥을 먹게 됐다.

신문사를 욕하려는 게 아니다. 광고 영업은 언론사의 유구한 수익모델이며, 고객사를 위한 취재 과정에서 세상을 바꿀 제품과 기업이 발굴되기도 한다. 나는 다만 그 이상의 무언가가 있을 줄 알았다. 직업을 통해 얻는 인간적인 성장이나 개인적인 신념, 혹은 내면의 결락에서 해방되기 위한 계기 같은 것을 바랐다. 이래서는 남의 편지를 대신 써주던 중학 시절과 다를 것이 없었다.

입사 삼 년 차가 되기도 전에 진력이 났다. 나에게 일은 돈으로 변환되는 노동일뿐이었고, 기자로서의 커리어는 고객사와의 인맥이었으며, 대부분의 기사는 조회 수 10을 채우지 못하는 서버 낭비였다. 여기에 언론사 특유의 주 6일 근무와 술 없이는 돌아가지 않는 업계 문화, 변기를 붙잡고 위액을 토하는 새벽에 지쳐버렸다. 또다시 혼자가 된 기분이었다.

'다른 사람은 괜찮은 걸까, 나만 이상한 게 아닐까?'

결국 나는 퇴직을 선언했다. 생계를 위한 글쓰기 대신 사람인과 인크루트, 잡코리아 같은 구직의 관문에 들어섰다. 작문을 버리자 별의별 신기한 직업이 눈에 들어왔다. 모형 조립과 반려견 산책, 공실 수 조사 같은 안전한 일에서부터 해외로 금을 옮기거나 클럽에서 풍선을 파는 수상한 의뢰까지 다종다양했다. 개중에 관심이 간 건 경복궁에 찾아온 외국인들과 사진을 찍는 일이었지만…… 이제는 나도 자리를 잡아야 했다. 직장에서의 보람과 의미, 전문성 대신 안정적이고 편한 직업을 찾았다.

만년필이 고장 난 것도 그때쯤이었다. 결합부의 이음매가 헐거워지더니, 컨버터가 파손되며 내부의 잉크가 말라붙기 시작했다.

크롬 코팅이 벗겨지며 희끗희끗하게 녹이 슬기 시작했고, 펜촉의 탄성이 줄어들며 손목의 피로가 가중되기도 했다. 더 이상 장시간의 작업을 감당할 만한 컨디션이 아니었다. 점장의 말대로 그럴듯하고 세련돼 보이지만 사실은 임기응변에 불과한 펜이었다.

차라리 아무것도 안 할 것을 그랬다. 유럽에 가거나 책을 내는 대신 편하고 쉬운 일을 찾아 취업하는 편이 현명한 선택이었다. 내면의 결락 따위는 외면했어야 했다. 작가의 꿈을 치워둔 채 메우지 못한 빈 공간을 덮어두기로 했다. 다들 그렇게 살아가고 있으니까.

3. 신의 아들이 되어봤지만

2010년대만 해도 공무원과 공기업, 외국계 기업과 사립학교 교직원 등의 직업이 선호 받던 시기였다. 느긋한 업무와 수준 높은 복지, 수평적인 사내 문화 및 정년과 연금, 정시 퇴근이 보장된다는 정보가 돌며 일과 생활의 균형을 중시하는 구직자들에게 인기를 얻었다. 하지만 일부 기업은 모집 수가 적고 내정자도 있다는 소문이 돌며 '신의 직장'이라는 별명이 붙기도 했다. 신의 자식들만 붙는다는 뜻의, 냉소와 선망을 담은 멸칭이었다.

채용인원 ○명, 열 명 이내로 뽑는다는 공고에 이천 명이 지원했다. 내가 지원한 서울 소재 사립대학교의 교직원 채용 시험이었다. 최종 테스트에 합격해 면접까지 보고 왔으나 아마도 나는 들러리였을 거라는 예감을 떨쳐버리지 못했다. 이번만큼은 기대를 접자며 이력서를 쓰고 잠들었는데, 다음날 곧바로 합격 문자를 받았다. 교직원이 된 각오나 포부 같은 것은 없었고 철밥통이 되었다는 점이 순수하게 기뻤다. 신문사를 퇴사한 지 오 개월 만이었다.

입사 후 생활은 빠르게 안정되어 갔다. 교직에서 일하는 사람답게 두발부터 다듬었고 정장도 단정하게 세 벌이나 맞췄다. 기자 시절보다 근무 시간은 줄어들었는데 연봉은 거의 절반 넘게 늘어났다. 오후 6시 칼퇴근에 방학엔 10 to 4로 단축 근무까지 했다. 툭하면 야, 너, 새끼야 라고 불리던 신문사에서와 다르게 최고 존엄이신 이사장마저도 선생님 호칭을 빼먹지 않았다. 이런 게 바로 신의 직장이구나 싶었다.

그렇다고 장점만 있는 건 아니었다. 계절마다 돌아오는 김장과 단체 산행, 체육대회 등의 낡은 문화에 참여해야 했고, 이런저런 뒷담화와 구설에 시달려야 했다. 사람이 바뀌지 않는 조직이다 보니 한 번의 말실수가 치명적이었다. 자연스럽게 눈에 띄거나 모나지 않도록 조심하는 습관이 생겼다. 그래도 나는 만족스러웠다. 나 자신을 감추는 건 심장의 박동만큼이나 당연했으니까.

차장급 이상의 직원들에게선 안정된 중산층의 향기가 풍겼다. 30평형 아파트와 중형 세단, 영어유치원에 다니는 아이와 전업주부 아내, 여기에 품종 있는 강아지까지 키우면 그야말로 판에 박힌 그림이었다. 인간적으로도 다들 비슷비슷해 보였는데, 느긋한 행동과 점잖은 말투, 권태처럼 붙은 아재개그까지 누가 봐도 교직원이었다. 치우침이 없는 육각형의 삶이랄까.

'이 정도면 괜찮지 않나?'

그렇지 않았다. 표본처럼 안정된 삶이 두려워졌다. 어느 순간부터 나는 선배들의 말버릇을 따라 하고 있었다. 정년까지만 버티면 돼, 연금 받으면 그때 해 보지 뭐, 나이 먹어 퇴직하고 나면 시간도 많을 텐데…… 같은 말들. 진짜 인생을 정년퇴직 후로 밀어두자, 현재의 삶은 좋은 차와 명품, 아파트로 환산되는 프레임 속에 갇혀 버렸다. 일상에서의 대화는 부동산 투자와 주택자금 대출, 해외여행과 결혼의 틀을 벗어나지 못했다. 듣지 않아도 상관없는 대화, 묻기도 전에 돌아올 반응이 정해져 있는 대화였다. 마치 중학생 때의 나 자신을 대면한 것 같았는데, 이래서 어느 누구와도 친해지지 못했구나 싶기도 했다.

그래서 글을 썼다 생각하겠지만 오히려 정반대였다. 나는 있는 그대로의 현상만 옮길 줄 아는 사람이었다. 내면에서 글감을 꺼낼 때마다 지긋지긋한 공허감에 시달렸다. 그건 기사를 쓰거나 책을 냈을 때도 마찬가지였다. 작자인 내가 노출될수록 한정된 인격이 소진되는 듯한 조급함이 찾아왔다. 뇌와 정신, 영혼의 모서리가 부러지는 것 같았다.

소설을 쓰게 된 계기에 대하여, 어떤 작가는 스페인 내전 등의 역사적 사건을 들기도 하고, 어떤 작가는 야구장에서의 계시나 영적인 경험을 들기도 한다. 하지만 나의 경우에는 순수한 비겁함 탓이었다. 나에겐 빈곤한 내면과 인간적인 면의 결락을 직면할 자신이 없었다. 차라리 거짓말이 낫겠다며 가상의 화자를 전면에 세웠고, 덕분에 글쓰기에 대한 부담이 줄어들면서 어설프게나마 소설 같은 글이 나오기도 했다. (아주 건방진 착각이었으나) 이 정도면 얼마든지 써도 괜찮을 것 같았다. 소설 같은 일기를 몇 편이나 지어냈지만, 그런 식으로 만들어진 글이 멀쩡할 리가 없었다.

너무 작위적이다, 통속적이다, 플롯이 약하다, 그리고…… 허무하다.

창작 모임에서 나는 동네북이었다. 처음에는 글솜씨가 별로인 줄 알고 문장력과 표현력을 다듬어보려고 했지만 오래잖아 문체나 필력의 문제가 아니라는 걸 깨달았다. 소설에는 기존에 해왔던 작문과 차별화되는 점이 있었다. 지식과 경험의 중첩이 아닌 나에게서 완전히 분리된 세계를 꺼내온다는 감각. 독립된 서사의 원형을 발굴해 내는 느낌이었다. 주어진 삶을 벗어나 다른 세계의 나를 체험하는 기분이기도 했다.

하지만 습작에 담긴 허무한 정서는 그대로였다. 위트와 감동, 행복한 결말을 설득력 있게 연출하기 어려웠다. 허무한 삶의 관성이 붙은 것처럼 우울한 글만 반복됐다. 무기력한 인물이 무기력한 삶에 소진되다가 무기력한 현실의 일부가 되는 플롯이었다. 이따위 답답한 소설을 누가 읽어줄까 싶었다.

문제의 원인은 전 직장의 데스크에게서 들었다. 입사 면접관으로 만났던 무테안경 말이다. 그와는 강남대로 한복판에서 마주쳤는데 서로 어, 어 하며 머뭇거리는 사이 지나칠 타이밍을 놓쳐 버리고 말았다. 서로 근황을 나누는 사이는 아니었으나 그가 신생 언론사의 편집국으로 이직했다는 소식은 전해 들었다. 잠시 머뭇거리던 그는 나에게 커피 한 잔 어떠냐고 물었고, 음료를 두고 앉자마자 작정한 것처럼 물었다.

"또 무언가를 쓰고 있으신가요?"

소설 같은 걸 쓰고 있다고 하자 그는 문예지를 지망하는 거냐고 물었고 나는 딱히 목표가 있는 건 아니라고 답했다. 그는 시니컬하게 고개를 저었다.

"성식 씨는 기자가 되려는 것도 아니었잖아요. 그때 입사지원서가 700장인가 들어왔었는데 최종 합격자는 성식 씨 혼자였어요. 저는 당신을 뽑는 걸 반대했었죠. 그만둘 것이 뻔한 사람 때문에 다른 699명의 기회가 사라지니까요."

그는 사전에 나의 책을 읽어봤었다고 했다. 나에 대한 파악이 끝났던 거다.

"내가 보기에 성식 씨는 재능 있어요. 언젠가는 신춘문예나 공모전에 당선될지도 모르죠. 그래봤자 등단과 동시에 그만두겠지만요. 그게 대체 무슨 의미인가요?"

화내거나 훈계하는 투는 아니었다. 나도 기분이 상하진 않았다. 되레 그가 나에게서 무엇을 봤는지 궁금해졌다. 그것이 희망이든 한계이든 간에.

"왜 그때 출간한 이유를 물어보셨나요?"

남자의 눈이 나의 안을 들여다보았다.

"당신은 글을 쓰지 말았으면 해서요. 인생이 허무하다는 걸 모르는 사람은 없어요. 누구나 일정 시기가 되면 깨닫게 되니까요.

그렇다고 인간의 삶을 부정할 필요는 없어요. 지금처럼 재능의 뒤만 따라가면 성식 씨는 분명히 불행해질 거예요. 자신에게 글이 주는 진정한 의미를 찾아내시길 바라요. 그래야만 진짜 소설가가 될 겁니다."

그와는 같은 회사 동료였을 뿐이고 그마저도 기껏해야 일 년 정도의 시간이었다. 서로에 대해 익숙한 사이는 절대로 아니었다. 그럼에도 그의 말이 뼈와 살에 사무쳤다. 궁지에 몰린 나는 어설픈 변명에 몸을 숨겼다.

"소설가라뇨…… 그런 꿈이 아니에요."

내가 바라는 건 무엇이었을까? 창작과 생계를 양립하고 싶었지만, 내겐 제삼자로서 자신의 삶을 들여다볼 만큼의 역량이 없었다. 나는 안정적인 직장 생활에 매몰돼 있었으며 그 작은 사회의 인간관계와 상호작용, 호혜성과 인연의 일부이기도 했다. 나의 습작에 담긴 성 추문과 불륜, 권력 다툼과 비리, 비인간성은 학생들과 교수, 직원들 간의 뒷소문이 원천이었고, 종종 창작자인 나의 개입이 서사의 객관성을 해치기도 했다. 작위적이고 통속적이며 허무한 결말이 반복됐던 것도 개인의 경험과 판단이 이야기의 물성을 침해한 탓이었다. 이래서는 내가 보고 듣고 맛본 것을 그대로 재생산할 뿐이었다.

이번에도 나아진 것은 없었다. 또 한 번의 퇴사를 결정했지만, 신문사를 나올 때와는 다른 결심을 내렸다. 내 마음의 결락이 거는 대화를 들어보기로 했다. 막다른 길에 내몰린 뒤에야 인력에서 벗어난 나 자신의 내면이 궁금해졌다. 저 깊고 깜깜한 구멍에 세상에 없던 이야기가 숨어 있을지도 모른다.

퇴직하던 날 대학에서 기념품을 받았다. 워터맨이라는 유럽 회사의 만년필이었는데, 본래는 유관기관 VIP에게 선물하던 홍보물이었다. 내가 알기로 홍보팀에서 제작한 기념품 중 단가가 가장 비싼 제품이었다. 흑단처럼 매끄러운 에나멜 바디에 금빛으로 반짝이는 금속제 클립, 23k 도금 촉이 달린 고급품이었다. 낭창낭창한 필기감은 좋았지만 작문 용도로 사용하기에는 불안한 펜이었다. 연재질의 촉은 약간만 힘을 줘도 흐트러지기 일쑤였고, 고급스러운 광택은 지문과 때가 묻어 지저분해지곤 했다. 무엇보다 레이저로 새긴 대학교 로고가 흉물스러웠다. 글쓰기가 아닌, 결재를 위해 만들어진 의전용 펜이었다.

어울리지 않던 한때를 케이스에 넣자 나를 지탱하던 기대와 의무가 한순간에 무너졌다. 당초의 결심과 달리 창작에 대한 의지가 바닥나버렸다. 생활 습관의 변화로 인한 무기력증이나 일시적인 후회 혹은 상실감이라 여겼으나 나의 의식은 두 번의 계절이 지나 가을이 되어도 여름 장마에 갇혀 있었다. 불면증과 만성 피로, 이유 없는 공포와 불안에 축축하게 젖어버렸다. 우울증의 시작이었다.

4. 심연을 들여다 본 결과

우울증 환자의 일상은 정상인과 다를 게 없다. 가족이나 친구,

지인들과의 시간을 즐기고, 게임이나 독서, 운동 같은 취미에 몰두하기도 하며 새로 맡은 업무에 열의를 보이거나 해외여행에서 찍은 사진을 자랑하기도 한다. 대부분의 우울증 환자는 우울해하는 모습을 보이지 않으며 그들 자신의 정신과적 질환을 자각하지도 못한다.

하지만 점차 살아가는 행위 자체에 대한 회의감이 누적된다. 타인의 몰이해로부터 발생하는 관계적 고립과 과도하게 비관적인 시각을 갖는 인지 왜곡 증상, 감정 조절을 어렵게 느끼는 정서 장애 등이 나타난다. (타인의 시각에선) 멀쩡해 보이던 사람이 스스로 목숨을 끊는 난해한 질병이기도 하다. 겉으로 보이는 증상이 미미한 데다 환자가 자신의 감정을 병으로 인식하는 것도 쉽지 않은 탓이다. 그렇다 보니 '조금 쉬고 기운 차리면 낫는 질병 아닌가?'라는 오해를 받기도 한다.

그나마 나는 학군단에서 심리 상담 자격을 취득했었고 우울증 환자인 병사를 집중 관리한 경험도 있었다. 나름대로 병의 증상과 원인, 치료법 등을 배웠지만 내가 환자가 되기 전까진 우울증이라는 병을 제대로 이해하지 못했다. 대화를 나누고 휴가를 보내고 고충을 해결하면 그들의 아픔도 완화될 거라고 믿었다. 증세가 호전되는 것처럼 보이던 병사들은 내가 조금만 방심할라치면 자살 소동을 벌이기 일쑤였다. 천장에 목을 매달거나 손목을 긋고, 행정반에서 훔친 향정신성 약을 통째로 삼키기도 했다. 나는 입에서 거품을 뿜는 그들의 얼굴을 정면으로 보지 못했다. 병사의 원망을 마주하는 것이 두려워서였다.

'어째서 나를 이해하지 못해?'

나는 발병 사실을 비밀로 했다. 내가 이루지 못한 이해를 남에게 바랄 수는 없었고, 나를 이해해 주려는 타인의 노력에 실망하고 싶지도 않았다. 우울증의 원인은 괴롭힘이나 따돌림, 통제된 생활과 가난 정도가 아니었다. 무기질 상태로 사라지길 바라는 그들 자신의 소멸 욕구였다. 원초적인 생존 욕구에 대한 비공감이라고 해야 할까? 나 역시 몸속에서 한기를 느꼈다. 생명의 핵을 꺼뜨리는 세포들의 냉기였다.

정신과에서는 자연과 햇빛, 야외 활동을 강조했다. 특별히 하고 싶은 운동도 없었기 때문에 서울 곳곳의 거리를 걷기 시작했다. 송파구에서 시작해 한강공원을 따라 마포대교를 건너고, 홍대 입구와 신촌, 대학로 등의 번화가를 걸었다. 서울 성곽을 따라 성북동과 달동네 정상을 오르내리기도 하고, 빽빽이 늘어선 오피스 빌딩을 올라가 보기도 했다. 높은 곳과 낮은 곳을 가리지 않고 다녔지만 어디에서 어떤 풍경을 봤었는지 기억나지 않는다. 발을 내딛는 신발의 앞 코만 드문드문 떠오를 뿐이다.

때때로 강물에 빠지는 망상에 시달렸다. 하염없는 흐름이 죽음을 암시하는 것 같았지만 겁나기는커녕 오히려 위로받는 느낌이었다. 추락의 충격은 불과 몇 초 만에 지나가고 손발의 감각은 마취된 것처럼 막연해진다. 나는 슬러지로 덮인 강바닥 속으로 빨려 들어간다. 수면을 비추던 빛은 손톱보다도 작은 별 부스러기가 된다. 나는 아무도 찾아오지 않는 어둠 속에서 평화를 발견한다. 불안의 끝이자 영원한 안식. 죽음이란 필연적인 결과처럼 보였다.

세간에서는 우울증 환자들이 죽음에 대한 충동을 갖는 것처럼 묘사하지만 나의 경험으로는 생사에 대한 구분이 희미해지는 것에 가까웠다. 발병 초기엔 주변의 모든 것이 이면 세계로 도망치는 수단인 것처럼 보였고, 자살이라는 방식으로 나에게 요구되는 모든 의무와 기대를 배반할 수 있을 것 같았다. 하지만 그런 이상적인 탈출이 가능할 리 없다. 실제로는 물에 빠진 순간부터 극심한 고통에 시달릴 것이며, 의식이 끊어질 때까지 죽음이란 선택을 후회하게 될 것이다. 그러한 과정은 되레 고통과 희생을 감내하는 자기실현처럼 보였다. 자살이란 길도 나로부터 벗어나는 탈출구는 아니었다.

생사의 구분은 최소한의 경계였다. 죽어봤자 마찬가지라는 체념에 도달하자, 나라는 인간을 이루던 윤리적 기준이 허물어지기 시작했다. 정상과 비정상의 구분도 무의미해지고 개인적 선호와 취향에 대한 필요성도 사라지게 됐다. 완전히 물화(物化)된 내면의 바닥에 검은 구멍 하나가 떠올랐다. 호수처럼 커진 내 마음의 결락이었다.

그 안으로 온갖 끔찍한 상념이 흘러들어왔다. 살인과 고문, 지배를 위한 폭력과 통제되지 않은 무언가의 욕망 같은 것이었다. 생생한 활력을 갖춘 날것에 비하면 나를 비롯한 인간들은 공장에서 다듬어진 목각처럼 보였다. 이해할 수 없는 비이성적 욕망이 그동안 쌓은 가치관과 정체성을 무너뜨리기 시작했다. 가끔은 겹겹이 겹친 목소리가 환청처럼 속삭였다.

"죽여야 해, 저 새끼 죽여야 해."

그것이 밖에서 들어온 귀신이었는지, 나조차 몰랐던 본성의 일부였는지는 모른다. 혼자만의 짐작으로는 나라는 인간을 좌우하는 초월적 존재의 의지라고 생각했다. 하늘에서부터 내려온 손이 나의 몸을 붙잡아 자기 뜻을 실현하는 도구로 삼으려 했다. 피할 수도, 대적할 수도 없는 거대한 힘이었다. 그렇기에 나는 펜이기를 거부했다. 무자비하게 밀려드는 존재를 다른 차원의 공간으로 전이시켜야 했다.

노트북이나 키보드 따위는 없었다. 구겨진 공책과 약간의 먼지, 귀퉁이가 깨진 만년필 한 자루만 배낭 구석에 처박혀 있었다. 라미에서 나온 플라스틱 펜으로, 수동으로 잉크를 보충할 필요 없이 카트리지를 교체하는 단순한 구조였다. 겉모습만 보면 만년필 같지도 않은 투박한 형태였지만, 한편으로는 필기구로서의 본질에 집중한 펜이기도 했다.

덕분에 하루에도 두세 권씩 공책을 낭비할 수 있었다. 잉크가 맺혀 축축해진 종이는 시도 소설도 에세이도 되지 못한 깜지처럼 보였고, 그 안에 담긴 문장들은 비문조차 걸러내지 못한 엉터리에 불과했다. 그럼에도 나는 하염없는 배출을 멈출 수가 없었다. 지금에 와서 돌아보면 일종의 트랜스 상태였던 것 같다. 무엇을 쓰는지도 모르는 채, 나를 침범하려는 힘을 문장의 형태로 새겨 넣는 데만 온 신경을 집중했다.

툭하면 펜촉이 부러져 만년필을 다시 샀지만, 이전처럼 서운하거나 미련이 남지는 않았다. 라미는 본래부터 그런 제품이다. 저

렴한 가격에 부담 없이 쓰다가 버리는 펜, 언제 어디서든 손쉽게 구하는 펜, 만년필이라는 의식보단 실용적인 기능에 집중한 펜. 아무런 의미도 없는 공산품 따위가 무너져가는 나 대신에 희생되고 있었다.

날이 갈수록 안색이 나빠졌다. 지인들은 나를 만날 때마다 백혈병과 암, 당뇨 같은 무서운 질병을 에둘러 말했다. 건강검진을 받아보라는 당부에 "그런 심각한 질병은 아니야. 사실은 우울증에 걸렸거든."이라고 고백하긴 어려웠다. 허전한 속을 털어놓고 싶었던 나는 오랜만에 외조부의 절을 찾아가 보기로 했다. 대략 칠 년 만의 방문이었다.

산은 유년 시절 그대로였지만, 스님은 세월의 흐름과 함께 노인이 되셨다. 깔끔하게 면도한 머리 탓에 연세를 짐작하긴 어려웠지만, 내가 중학생일 적에 이미 할머니라 불렸으니 지금은 일흔이 넘은 고령일 것이 분명했다. 그럼에도 목소리엔 여전히 힘이 넘치셨고, 눈빛도 흐리지 않아 정정해 보이셨다. 스님은 그동안의 사연을 들어주셨다. 앞뒤와 인과를 잘라먹은 감정적 토로에 흐느낌과 분노, 욕설까지 쏟아냈지만 중간에 되묻거나 재촉하지 않으셨다. 담담하게 경청하신 다음 선문답을 던지셨다.

"얻은 걸 버리고 난 뒤에 무엇이 남으셨나요?"

선문답이란 질문과 대화를 통해 깨달음을 얻는 수행 방법이지만 나에겐 고승들과의 문답이 정답도 오답도 없는 수수께끼 같았다. 스님의 질문도 마찬가지였다. 남은 것이 있다면 완전히 비운 것이 아니라는 뜻이 되며, 남은 게 없다면 명백히 보이는 자신의 존재를 부정하게 된다. 질문이 강요하는 생각의 고리에 사로잡혀서는 안 된다. '여기'와 '지금'에 초점을 맞추자 미지의 존재를 전이시키던 힘이 손끝에서 맴돌았다.

"내부에 아무것도 없는 깨끗한 길입니다. 무엇이든 연결되고 지나갈 수 있지만, 비어있는 그 자체로 물성을 갖지는 않습니다. 그렇기에 버리거나 남기거나 소유할 수도 없습니다. 그저 만나고 전하도록 내버려둘 뿐입니다."

책에서처럼 죽편이 날아오지는 않았다. 스님은 나를 향해 합장하시더니 당분간은 승소에서 머물다 돌아가시라고 했다. 한동안은 외조부의 독경을 듣고, 설거지와 청소를 돕거나 텃밭에 심은 채소를 가꾸며 시간을 보냈다. 절에서의 생활에 익숙해지며 결락의 크기도 아주 조금씩 줄어들기 시작했다. 절을 나와 서울로 돌아가는 버스에 올랐을 땐 작아지지도 커지지도 않은 처음 그대로의 상태였다.

'이게 다 무슨 짓이었을까?'

결국엔 아무것도 변한 게 없었다. 여전히 나는 외톨이었고, 그럴듯한 소설을 만들어내지도 못했다. 혼자서만 북 치고 장구 치며 고통을 추종한 꼴이었다. 덕분에 일자리와 건강을 잃고 백수 신세가 됐다. 등신도 이런 상등신이 없겠다 싶어 웃음이 터졌다. 글쓰기는 정말 나의 길이 아니라고 체념할 무렵, 뜻하지 않게 지금의 아내를 소개받았다. 그때만 해도 결혼과 이민을 선택하게 될 줄은 상상도 하지 못했다.

5. 우리 집 화장실 같이 쓸래요?

 이제는 다시 돈을 벌어야 했다. 이제는 서른이라 신입 채용에 지원하기에는 무리가 있었고, 2년과 1년씩으로 쪼개진 이력은 경력직 채용의 요건을 충족하지 못했다. 이제 직장인이 되기엔 용기가 나지 않았다. 이력서와 자기소개서를 쓰는 대신 광고업체와 재능거래 플랫폼을 찾았다. 처음에는 언론에 배포하는 보도 자료 위주로 일을 받다가 점차 바이럴 마케팅과 SNS 광고에도 손을 뻗게 됐다. 여기에 기업 홍보용 책자와 AI가 읽어주는 유튜브 원고, 연설문과 기획서 따위를 대필하기도 했다.

 일 자체는 단순노동이나 다름없었다. 참고 자료와 가이드라인에 맞춰 업체가 바라는 광고성 글을 양산하는 업무였는데, 워낙 실용적인 글이다 보니 비유와 상징 같은 문학적인 기법과는 수영장과 바다만큼의 차이가 있었다. 쉽고 단순한 일이지만 단가는 낮고, 종일 책상에 있다 보니 골반과 어깨가 삐걱거리기도 했다. 그래도 인간관계에 수반되는 스트레스가 없고, 분량과 마감만 준수하면 되는 심플함이 마음에 들었다. 원고의 종류와 작업량에 따라 수입도 점차 늘어났다. 그럭저럭 직업 삼아 계속하게 됐다.

 그 무렵 친구의 소개로 지금의 아내를 만났다. 그녀는 여행 정보회사에서 통번역 담당으로 일하던 일본인 직원이었는데, 취업 비자 문제로 근무하던 회사와 갈등을 겪고 있었다. 이대로 고향인 후쿠오카로 되돌아가야 할지, 아니면 한국에서 재취업을 해야 할지 고민하던 와중에 나를 소개받게 됐다. 둘 다 처음부터 진지한 만남을 기대하진 않았었다. 그녀에게 남은 체류 기간은 고작해야 반년 정도였고, 나는 한국의 연애 시장에서 기피해야 할 남성상(프리랜서, 집 없음, 정신병력, 멸치) 중 하나였다. 고작해야 몇 번 데이트나 하고 말겠지, 라는 가벼운 마음으로 소개팅 장소에 나갔다.

친구는 말끝마다 "성식이가 원래는······" "성식이가 그래도······"라며 내가 처한 초라한 현실을 덮어주려고 했다. 제 딴에는 우정 어린 배려라고 여겼던 것 같지만 나는 녀석이 입을 벌릴 때마다 열등감에 휩싸였다. 내장 빠진 오징어가 말라비틀어지는 기분이었다.

"저희 집 화장실 보실래요?"

조용히 듣고 있던 아내가 휴대폰을 꺼냈다. 화장실을? 굳이? 어지간히 럭셔리한 화장실인가 보다 싶어 액정을 들여다봤지만 사진에 찍힌 건 평범한 화장실이었다. 욕실과 분리된 독방 구조가 특이해 보이긴 했지만 일본식 주택에서는 일반적인 형태다. 그런데 자세히 보니 변기 커버와 창문에 붙은 달력, 블라인드와 세면대에 토토로가 달려 있었다. 영화 제작사인 지브리 스튜디오의 캐릭터였다.

"저랑 잘 되려면 토토로를 주시면 돼요. 지브리 영화 광팬이거든요."

나도 지브리를 좋아하기는 했지만 취미 삼아서 챙겨보는 정도였고, 만화나 애니메이션에 대해선 문외한에 가까웠다. 하지만 그녀와의 대화 속에서 극장에서 봤던 인상적인 장면이 하나둘씩 떠올랐다. 치히로가 오물 신의 몸속에서 자전거를 뽑아내는 장면이나, 하울이 소피의 손을 잡고 하늘 위를 걷는 장면, 바다의 요정인 포뇨가 파도를 타고 달리는 장면 등등, 미처 담아두지 못했던 아름다운 순간들이 생명력을 되찾았다. 그녀와의 대화는 나를 감동시킨 것에 대한 애정을 발굴하는 기회였다. 나에게 아내는 살아있다는 실감을 주는 여자였다.

살아있다는 실감. 그것은 내가 무엇을 사랑하는지 안다는 의미였다. 적어도 나에겐 그랬다. 아주 구체적이고 새삼스럽게 나에게 가장 소중했던 것들을 되찾아갔다. 대부분은 대단하거나 특별한 것들이 아니었고 가끔은 정해진 이름이 없는 것도 있었다. 이를테면 어떠한 빛깔이나 어감, 음식물에 담긴 향기 같은 것들이었다. 나는 그런 감각의 파편 하나하나에 글자가 없는 이름을 새겨 넣었다. 그것들이 가진 질감과 반응, 알알이 결정화된 순간들이 구체성을 갖춘 상징이 되도록 했으며 내가 사랑하는 것들이 삶에 대한 의지의 기준점이 되도록 만들었다. 그렇게 조금씩 그녀와의 시간은 나를 살아가게 만드는 원동력이 되었다.

하지만 아내는 비자 취득에 실패했다. 곧바로 전 직장의 인맥을 통해 새 직장을 구했는데, 한국인 골프 선수의 일본 내 활동을 지원하는 매니지먼트 회사의 통번역 담당이었다. 정규직이라는 조건은 좋았지만 근무처가 일본이라는 점이 문제였다. 장거리 연애를 감수해야 했지만 일정 주기로 국경을 넘는 것도 비현실적이었다. 나는 우리가 함께 지낼 방법을 고민하기 시작했다. 아주 낮은 이별의 가능성이라도 없애고 싶었다.

"그러면 결혼하면 되잖아?"

아주 당연하다는 말투로 아내가 말했다. 결혼에 대한 갑작스러운 언급에 놀라기는 했지만 부담이 되기는커녕 정말 그래도 되겠다는 현실감이 들었다. 나에게는 자산이나 직장은 물론 지켜야 할 커리어나 장기적인 계획도 없었다. 월수입은 온라인 업무만으로도 충분하다. 이때만큼 내가 아무것도 아니라는 사실에 감사했던 적이 없다.

하카타구 시내에 신혼집을 구한 뒤 기본적인 가구와 세탁기, 냉장고 등의 가전을 채웠다. 보증금 지출이 없는 건물이었던 데다가 일본 통신사에 가입하며 받은 현금 포인트도 8만 엔이나 됐다. 나중에 계산해 보니 초창기 이주 비용이 300만 원을 넘지 않았다. 결혼이 이렇게 쉬운 거였나 싶어 어리둥절했을 정도였다.

후쿠오카는 살기 좋은 곳이었다. 사시사철 화창한 날씨에 자연도 좋고, 서울이나 도쿄처럼 번잡하지도 않았으며, 무엇보다도 도시 전반에 흐르는 느긋한 정서가 마음에 들었다. 섣불리 화내거나 긴장할 필요가 없는 도시였다.

하지만 이따금씩 궁금해졌다. 어째서 나는 이곳에 있는 걸까? 결락의 구멍에 흘러들어왔던 존재와 그것이 나의 신체를 빌려 이루어내려고 했던 것들, 뇌리에 내리꽂히던 강력한 의지가 손끝에서 맴돌았다. 옷장을 뒤져 박스에 보관해 놓았던 공책을 꺼냈다. 흘러넘칠 듯한 비이성적 욕망이 페이지 곳곳에 들어차 있었다. 여전히 고개를 돌리고 싶을 만큼 끔찍한 내용이었으나 동시에 몇 가지 사건의 도입부를 떠올리게 했다. 시험 삼아 써본 습작은 여전히 어설픈 면이 남아 있었지만 그래도 이전처럼 허무한 느낌은 아니었다. 소설다운 소설로 만들 수 있겠다는 가능성이 엿보였다.

하지만 나는 두려웠다. 소설 쓰기가 새로운 아집이 되지는 않을까, 무언가가 되어야 한다는 압박에 시달리지는 않을까 싶었다. 어렵게 얻은 평온한 일상을 잃고 싶지도 않았다. 그러자 아내는 나에게 조건을 하나 제시했다. 매달 10만 엔의 생활비만 낸다면 내가 무엇에 도전하고 어떤 일에 종사하든 OK라는 말이었다. 덕분에 쓸데없는 고민이 사라져 버렸다. 평범한 일상에 담긴 본질적 가치는 편의점 아르바이트만으로도 지켜낼 수 있다. 작가로서의 성패는 반복되는 삶을 윤색하는 장식일 뿐이었다.

이후로는 습작과 투고에 매진했다. 몇몇 자잘한 공모전에 입상하기도 하고, 습작 계정으로 만든 SNS에 구독자가 생기기도 했다. 이런저런 이유로 도중에 포기하고 싶을 때도 많았지만 작고 소중한 성과들이 노력과 헌신에 대한 믿음을 주었다. 그렇게 반년 정도가 지났을 때쯤 경북일보에서 주최하는 문학대전에 당선됐다. 비록 신인 발굴이 목적인 대회는 아니었으나 나에겐 공식적으로 소설을 발표하는 첫 번째 기회였다.

그렇다고 많은 것이 변하진 않았다. 남들이 불러주는 작가라는 호칭보다는 매일매일의 삶이 새로워진다는 것이 좋았다. 한 편의 소설을 지어낼 때마다 나로 인해 전이된 무형의 의지를 발견할 수 있었다. 그것은 아주 작은 가능성의 일부로서 반짝거리고 있다. 나는 그 안에 담긴 인간의 본질을 다듬어내고 싶다.

얼마 후 나와 아내는 혼인신고를 했다. 하필이면 코로나 바이러스가 창궐한 때라 결혼식을 올릴 만한 상황은 아니었다. 그래도 부부가 된 기념을 남기고 싶어 예물로나마 아쉬운 마음을 달래기로 했다. 아내가 받을 예물은 결혼반지로 결정했으나 나를 위한 답례는 적당한 품목을 찾기가 어려웠다. 보통은 남성용 예물로 손목시계를 선택하지만 나는 사회생활을 하지 않기에 비싼 시계를 차 봤자 보여줄 사람이 없었다. 그렇다고 지갑이나 가방, 액세서리 등을 예물로 삼기엔 결혼이란 불변성을 담아내지 못했다. 리스트에 남은 품목은 이번에도 만년필이었다.

아내는 나를 백화점에 데려갔다. "내가 무슨 유명 작가도 아니고……"라며 만류하는 나에게 그녀는 몽블랑 매장에서 받은 책자를 건넸다. 무시무시한 가격표가 붙은 필기구들 중에서도 유독 눈에 들어오는 제품이 있었다. 어린왕자의 삽화가 음각된 만년필이었다. 팸플릿 아래로 '생텍쥐페리의 작품에 담긴 쓰기 문화의 가치를 알리기 위해 기획된 상상력에 대한 헌사'라는 문구가 출력돼 있었다.

아내가 직원을 불러 시필용 펜을 청했다. 무엇을 써야 할지 고민하던 나는 클립에 각인된 대사를 발견했다. 어린왕자가 사막여우를 만나 길들여지는 과정의 기쁨을 깨닫는 장면이었다.

> Créer des liens?…… Tu seras pour moi unique au monde
> 관계를 맺는다?…… 내게 있어 너는 이 세상에서 유일하다
는 뜻이야.

몽블랑은 그대로 진열하기로 했다. 실제로 작업할 때는 노트북과 키보드를 이용하는 데다, 함부로 다루기엔 의미와 가격이 무거운 펜이었다. 전용 스탠드에 장식하면 인테리어 소품처럼 세련돼 보이기도 했다. 지금은 소중한 사람에게 편지를 쓸 때, 손 글씨의 물리적인 감각이 그리워질 때, 소설이 나만의 꿈이 아니라는 것을 되새길 때만 만년필을 꺼낸다. 삶의 기준이 되는 영원불멸의 상징으로 삼을 수 있게.

돌이켜 보면 방황 속에서 길을 되찾게 도와준 인연들이 있었다. 그들 덕에 자의식과 번뇌의 늪에서 벗어날 수 있었다. 나는 불교를 신앙의 대상으로 삼지는 않지만, 소설 창작엔 불교적 수행과 일맥상통하는 지점이 있다. 나 혼자서만 완전하겠다는 교만에서 벗어나 주변의 인연을 살피게 되는 계기가 되지 않았나 싶다. 각각의 인연은 일시적으로 갖춰진 무의미한 것이지만, 그것들이 만들어낸 일생은 오직 나에게만 있는 유일함일 테니까.

내 안의 결락은 그대로이지만 이젠 그것을 관찰하거나 빈틈을 메워 완전해지고 싶지 않다. 때때로 찾아오는 욕망도 되도록 외면한다. 같은 이유로 지금의 나에겐 계획이 없다. 무언가 거대한 성취를 목표로 하는 한계를 정해두고 싶지 않다. 끊임없는 변화를 창작의 원료로 전이시키고자 노력할 뿐이다. 그곳에서 만난 불완전하고 비이성적인 것들이 내가 지어낸 소설을 보다 소설답게 만들어줄 것이다.

| 작가의 말 |

 최근에 받은 질문이 있다. '작가는 무엇으로 사는가?'라는 개인적이고 추상적이면서 동시에 난해하기까지 한 질문이었다. 답변 자체도 막막했지만, 고작 등단 일 년 차인 초보자가 답변할 만한 주제인지도 의문이었다. 한 문단을 쓰려면 온종일을 쏟아부어야 하는 나에게 작가로서의 삶이나 성취에 대한 구상은 언감생심이나 다름없다. 대답하기 전에 질문을 약간 바꿔야 했다.
 '어째서 나는 살고 있는가?'
 조지 오웰이 말하길, 자서전이 신뢰를 주려면 자신의 수치스러운 부분을 밝혀야만 한단다. 본인의 과오와 미숙함에 대해 고백하는 한편, 자화자찬이나 자기 미화 같은 낯부끄러운 짓은 멈춰야 한다는 뜻이다. 그렇다면 나야말로 자서전을 쓰는 데 적합한 인물인지도 모른다. 나이 서른 넘도록 별로 자랑할 것도 없고, 뒤를 돌아보면 전부 도중에 그만두거나 포기했던 것들뿐이다. 나를 사랑하는 친지에게 상처와 곤란을 주기도 했다. 상황과 배경 탓이 아닌 오로지 나의 교만으로 인한 결과였다. 변명의 여지가 없다.
 그 결과로 인한 환시와 환청, 타인에 대한 멸시와 그것들이 불러낸 인간적인 면의 결락에 대해 최대한 가감 없이 적어보기로 했다. 원고를 마무리하면서 한 가지 깨달은 것이 있는데, 한때는 나에게 죽음을 요구하던 것들이 지금은 위협적인 요소가 아니라는 점이었다. 나 자신의 부족함을 드러내려고 시작한 글이었지만 그래도 마지막에 가서는 살아가는 이유를 되새길 수 있었다. 헤매던 와중에 찾은 약간의 위로였다.

다시 처음으로 돌아가, 나는 책을 들여다보는 당신과 재회한다. 작가는 무엇으로 사느냐는 당신의 질문에 나는 상징으로 남은 만년필을 제시한다. 잉크가 흘러가는 작은 통로에 불과한 공간이 나를 작가로서 살아가게 하는 기준점이 된다. 당신은 그곳에서 나를 발견하게 될지도 모른다. 아무것도 아닌 채로 당신 곁에 있는 나라는 작가를.

방성식
2023-1 스토리코스모스 신인소설상 당선
여행 에세이 『냉정한 여행』, 장르소설집 『남친을 화분에 담는 방법』 출간
웹북 『현관이 사라진 방』 『채찍들의 축제』 『이별의 미래』 『만년필에 대하여』 출간

운다고 문이 열리는 것은 아니지만
-
서애라
-

운다고 문이 열리는 것은 아니지만[1]

문학 속에는 문 앞에 서는 상반된 두 가지 자세가 있다. 프랑스 시인 외젠 기유빅은 이렇게 노래했다. "문을 찾을 수 있어 그 앞에서 울 수 있는 자는 아직 행복하여라."

반면에 나쓰메 소세키는 "어차피 지날 수 없는 문이라면 일부러 거기까지 가는 것은 모순"이라고 했다. 어떤 사람들은 오랫동안 문밖에 서 있어야 할 운명으로 태어났지만, 돌아갈 용기가 없어서 견고한 문 앞에 버티고 있을 뿐이라고.

전자가 낙천적인 태도라면 후자는 비관적인 태도이다.

한때 나는 전자의 태도로 살겠다고 호언장담했다. 문예창작학 대학원 2년을 수료했는데, 재학 기간 내내 응모와 낙선 경험뿐이었고, 투고했던 원고들은 다시 보니 재활용도 못 할 수준이란 자각이 들 때였다. 아, 안 되려나 보다. 마음을 내려놓자. 생각보다

긴 싸움이 되겠다. 그렇게 다짐할 때 최승자 시인의 수필집을 읽었고 대학원 동기들에게 호기롭게 외쳤다. 기유빅의 시구를 표구해서 벽에 걸어둘 거라고.

"떨어지면 어때요? 적어도 나는 문이 어딨는지는 아는 사람 아닙니까? 안 열려서 울어도 괜찮아요. 아직 행복해."

그때는 미처 몰랐는데, '아직'이라는 부사는 매우 중요한 것이었다. 그 반년 뒤쯤에 나는 문학상 신인상에 응모했고 당선되었다. 당선에 대한 기대를 버리고 기계적으로 습작과 응모를 반복하는 와중에 덜커덕 문이 열렸다. 열린 문 앞에서 이게 진짜 문이 맞나 한참 살폈던 것 같다. 문고리를 잡고 깨방정도 떨었다. 시상식 수상소감에서 마이크를 잡고 이렇게 말했던 것이다.

"문 안에서 문고리를 잡고 당겨주신 심사위원 선생님들, 문 안에서 소설이라는 방을 지켜주신 선배 소설가들께 감사드립니다. 이제 문 앞에서 울지 않아도 되어 기쁩니다. 앞으로는 문 안에서 열심히 울도록 하겠습니다."

운명이 졸고 있다가 내 수상소감 멘트를 듣고 화들짝 깨서 레버를 당긴 모양이었다. 미래의 레버는 웃는 쪽과 우는 쪽, 두 방향뿐인데 운명은 잠이 덜 깬 채로 "우는 쪽 접수, 이상 없음." 외치고 레버를 당긴 뒤에 다시 잠에 빠졌다.

당선 이후의 삶은 내 생각과 판이했다. 계속되는 것은 나의 울음뿐만 아니었다. 울고 있는 문 안의 사람들을 수시로 목격했다. 문밖에 있을 때는 들리지 않던 울음들이 마구 들려와서 '그 문은 엄청난 방음문이었던 걸까?' 배신감이 들기도 했다.

돌아보면 그 배신감은 나의 모자람에서 비롯된 것이다. 습작기가 없이 『나목』을 썼다는 박완서 선생님이나, 웬만한 사람이 읽는 속도보다 빠르게 생산해내서 원고지의 악필을 해독하는 신문사 직원이 따로 존재했다는 최인호 선생님의 경우를 정복 가능한 경지로 입력해둔 덕분이었다. 여담으로 《과학동아》 기자와 인터뷰를 할 때, 늦은 나이에 데뷔한 것을 한탄하는 내 말을 들은 기자가 박완서 선생님을 거론하며 위로를 건넸는데, 그 순간 얼어붙었더랬다.

'그래, 나도 한때 박완서 선생님만 믿고 마흔이 넘어서 뚝딱 데뷔하고 승승장구할 수 있을 거라 여겼지.'

아무튼 문 앞에 있을 때 내가 예상했던 문 뒤의 공간, 소설가들의 공간은 하나의 거대한 방이었다. 그런데 막상 들어서고 보니 기나긴 복도에 가까웠다. 손잡이가 없는 문들이 줄줄이 늘어선 끝이 보이지 않는 복도였다. 나는 이제 막 초입의 첫 번째 작은 문 하나를 겨우 지나왔을 뿐이었다.

밖에서 봤을 때는 위대해 보였던 이야기꾼들이 키보드를 들고 각자의 문 앞에 서 있었다. 하나의 문을 정해 노크를 하고 열리기를 기다리며 면문 참선에 들어가신 분도 있었고, 왕벌의 비행처럼 종종거리며 이 문 저 문 노크하고 다니시는 분도 계셨다. 복도를 서성거리는 사람 중에 웃는 사람은 아무도 없고 다들 눈물을 줄줄 흘리며 키보드를 열심히 두들겼다. 간혹 웃는 것 같은 분들도 있었는데, 알고 보니 모든 의사 표현을 웃음으로 하는 경향이 있었다. 잘 들어보면 그분도 우는 중이었다.

이제 어렴풋이 깨닫는다. 나의 미래 또한 그렇게 예비 되어 있었다. 『문』의 소스케처럼 영원히 문 앞에서 서성이는 사람이 되는 일.

아니다. 아직 희망이 있다. 여기는 초입이니까. 더 들어가면 자동문처럼 문을 자유자재로 여시는 분들이 존재할지도 모른다. 그런 분께 '비기'를 전수 받을지도 모르고.

복도의 깊은 안쪽에서 긴 한숨이 들려오는 것은 내 착각일까?

그 문으로 가면 운다고 점괘는 말했으나

"문 안에 들어간 게 어디냐? 투덜거리지 말고 20년 뒤에도 살아남을 그런 소설을 써라. 내가 투자한 교육비 아깝지 않게."

남동생이 나에게 자주 하는 말들을 압축하면 위와 같이 된다. 남동생은 나를 대학원에 보내서 지금의 모습으로 만든 장본인이다. 저 말을 들을 때마다 소름이 끼친다. 지금 열심히 써도 20년 뒤에나 추수를 할 수 있는 직업이라니. 산삼 재배도 10년만 기다리면 된다던데. 산에 들어가 인삼씨를 뿌리는 게 더 전망이 밝을 것 같다.

남편도 반대하던 소설 공부 뒷바라지를 남동생이 해준 것은 사연이 있다. 예술과는 아무 상관 없이 밥벌이 잘하고 사는 줄만 알았던 남동생이 어느 날 USB를 하나 들고 찾아왔다. 그때 나는 석사 논문을 마무리하고 한가해진 참이었다. USB 속에는 동생의 장편소설이 들어 있었다. 십 년 전쯤에 하청에 재하청을 받은 유령 교정자로 출판 소설의 교정과 윤문을 본 경험이 있었던 나는 동생의 소설을 검토하고 조언해주고, 몇 군데 사소한 결함을 바로잡아 주었다. 그렇게 '우리'의 원고가 된 그 작품을 프린트하고 간이 제본해서 야심 차게 어느 문학상에 투고했지만 낙선했다. 알고 보니 동생은 이미 오픈 플랫폼에서 필명으로 활동하고 있는 상태였고, 그 낙선한 원고도 결국은 오픈 플랫폼에 연재 형식으로 공개하였다.

그런데 얼마 뒤에 영화사에서 동생의 원고를 사겠다는 연락이 왔다. 우리는 단순히 재미있는 스토리와 문학상이 뽑는 소설의 차이가 무엇인지 궁금해졌다. 때마침 동생은 2차 저작권을 판 수입이 있었고, 우리 둘의 '대표로' 대학원에 가볼 것을 내게 제의했다. 그렇게 문예창작학위 과정이 개설된 가장 가까운 대학에 덜컥 등록을 했다.

둘 다 사는 일에 지치고 진력이 나 있었던 것 같다. 재미있는 일을 만들어 보고 싶었던 모양이다. 어릴 때부터 문학은 우리 남매의 숨통 같은 거였다. 한 방에서 각자의 책을 읽다가 재미난 대목을 만나면 소리 내어 읽어주었다. 그렇게 청소년기를 버텼다. 돈이 드는 취미를 가질 형편이 안 되니 서로 도서관 셔틀을 시켜대며 여가를 보냈고, 부모의 불화와 술꾼 아버지의 횡포, 어머니의 기나긴 한풀이 하소연을 견디게 해주는 것도 함께 읽었던 책들이었다. 마흔이 넘어 우리는 어릴 때처럼 머리를 맞대고 문학을 가운데 두고 작당하며 삶의 활기를 찾았다.

그때까지는 예산도 그렇고 삶의 여유도 그렇고 딱 한 학기 정도의 일탈이라고 생각했던 일이었다. 애초에는 계획대로 1학기 수강 후에 휴학계를 냈다. 때마침 취업도 되었다. 어렵게 잡은 직장이었고, 눈독 들이는 사람이 많은 자리였다. 그런데 6개월 만에 사직서를 냈다.

대학원으로 돌아가야겠다는 결심이 선 것은 메일 한 통을 받고부터였다. 1학기 수강 중에 썼던 단편을 오픈 플랫폼에 올렸는데, 출간 검토작에 올라갔다는 메일을 받았다. 해당 단편은 공모전에 내려고 쓴 것이었는데, 투고했던 공모전에서는 1차 예심만 겨우 통과했다. 그런데 출간 검토 메일을 받자 마음이 들떴다. 출간도 아니고 '검토' 대상작이란 메일이었는데, 이미 나는 내 재능을 노벨상 수상 소설가급으로 띄워놓은 상태였다. 험난한 작가의 길에 뛰어든 사람들 대부분이 이렇게 작은 희망으로부터 시작했다는 것, 이런 사람들이 숱하게 있다는 것을 그때는 몰랐다. 제대로 공부만 하면 대작가가 될 것 같은 착각에 사로잡혔다. 나는 제대로 공부를 해본 적이 없어서 아직 발굴되지 않은, 그러니까 흙 속에 묻혀 있는 진주 같은 게 아닐까, 자아비대증에 시달리기 시작했다. 직장을 그만두고 대학원으로 돌아가고 싶었다. 학업을 병행할 수 없는 직장이었다.

아무리 내가 대책 없는 성격이라도 그런 중대한 결정을 함부로 내릴 수는 없었다. 그래서 점쟁이를 찾아갔다. 그것도 두 번이나.

초반에는 훈계를 들었다.

"당신이 지금 공부할 나이야? 애들을 공부시켜야 할 나이지."

그런데 내가 세 치 혀를 마구 휘두르기 시작하자 얼마 뒤,

"그러면 써야지. 써야지. 소설을 써야지." 하고 질질 끌려오기 시작했다.

점쟁이를 끌고 다니며 할 말을 다 하고 마침표를 찍은 나는 결연히 일어섰다.

"맞아요. 그래. 난 소설이 더 적성에 맞는 것 같아요. 이 직업은 영 아니야."

점쟁이가 나를 올려다보며 "지금 하고 있는 일도 잘할 텐데……" 하고 말끝을 흐렸다.

두 번째 찾아간 점쟁이에게는 필명을 뭐로 하면 좋을지 물었다. 1학기 소설창작 수업에서 들은 조언 중에서 내가 생각하기에 가장 중요한 것이었다.

"제 본명이 문학계의 거목을 닮아서 잘 안될 거라는데, 쌈빡한 것 없을까요?"

점쟁이의 대답이 자기는 성명학 전문이 아니라 했다. 그쪽도 세부 전문 분야가 따로 있다는 것을 처음 알았다. 그래서 전공이 뭐냐고 물었더니 '연애운'이라고 하셨다. 연애운이라니. 그분의 결론은 '옷 잘 입는 남자를 만나라'였다. 애가 둘인데, 이제 와서 뭘 또 만나냐고 웃었더니…… 이후는 생략하겠다. 내가 가진 사회·문화적 윤리 기준에 비추어 보면 그분은 40년대 후반에 독일에서 태어났으면 〈코뮌1〉[2]에 들어갔을 수준으로 급진적이셨다는 것만 알려드리겠다.

결론을 정해놓고 확인받으려 드는 나의 성격은 모친을 닮았다.

그래서 남편이 나를 비난할 때 하는 말은 "장모님이랑 똑같아!"이다. 가정이 호수같이 평화로웠다고는 말하지 못하겠다. 모친은 이혼했는데 나는 안 한 것은 남편 덕인가 싶기도 하다.('아직'이라는 부사어는 매우 중요하지만, 잠시 잊자.)

그 후 1년 6개월은 해일 경보가 내린 바닷가 같은 나날이었다. 파도가 방파제를 때려댔다. 직장을 그만둔 것까지는 남편도 원하는 바였는데, 직장을 다닐 때보다 더 살림을 내팽개치고 학교와 스터디카페를 종종거리며 오갔으니 화를 낼 만도 했다.

아무튼 내 발등을 내가 찍은 셈이었다.

얼마나 울어야 '그날 하루 잠깐' 웃습니까?

> 문예 창작 강의를 듣는다는 건 글쓰기 그 자체와 같아야 한다. 강의 중에 쓰는 모든 것은 적어도 잠재적으로라도 사용할 수 있거나 출간할 수 있는 것이 되어야 한다.
>
> —존 가드너, 『소설의 기술』 중에서

괜찮아. 지금은 습작기니까. 학교를 다니는 동안은 연습만 하면 돼. 졸업하는 순간, 실전에 뛰어들어서 '짠' 하고 등단하면 되는 거야. 말하자면 지금은 습작기이고, 습작기가 끝나면 연습 없는 글들이 줄줄 나오는 거지.

이런 생각으로 작가 학교를 다니는 사람이 있을까? 적어도 나는 아니었다. 존 가드너의 조언대로 살았다. 과제로 어떤 글을 쓰던 그 순간 실전이었다. 유도로 치자면 신호음이 울리자마자 1초 만에 한판을 당하는 그런 실전들이었지만 말이다. 권투로 치자면 가드를 올리고 스텝을 밟다가 야심 차게 돌격하는 순간 1초 만에 KO 당하는 그런 실전이었다. 정신이 돌아오면 거울 속의 멍든 내 눈을 들여다보며 '내가 아직 멀었구나. 아유, 그 스텝은 정말 꼴사나웠다.' 읊조리게 됐다.

그런 나날들이 이어지자 나는 비로소 주위를 유심히 보기 시작했다. 주변에 '등단'이란 것을 한 사람들의 사례를 들어보니 문예창작학부 4년+α(석사든 박사든)였다. 같이 학교를 다니는 사람 중에 그보다 빠른 사람은 없었다. 술자리에서 이야기를 나눈 한 분은 자기는 7년을 도전했다며 나더러 아직 멀었다고 했다. 신춘 시즌만 되면 학교 우체국에 와서 작품을 부치는 졸업생들도 있었다. 근처 동네에 살아서 그런 것인지 징크스라 그런 것인지는 잘 모르겠다. 아무튼 무수한 재능들이 도전을 거듭하고 있는 것을 목격하니 나 같은 건 아무것도 아니라는 자각이 절로 들었다.

소설 쓰기란 건 어떤 것일까? 예전 무협지 스타일로 수련하면 내공이 쌓이는 그런 게 맞긴 한 걸까? 요즘 웹소설의 '고구마 없는 사이다' 경향처럼 주인공이라면 애초에 천재 능력치를 가지고 있어야 하는 걸까? 전자의 경우라고 해도 나는 너무 미천한 재능을 가져서 내공이 쌓이려면 마법사 간달프 수준으로 장수해야 하는 것 아닐까? 그렇다면 차라리 죽었다가 환생하는 편이 빠르지 않을까? 이번 생은 망한 것 같으니 일단 한 번 죽을 때까지 기다리는 것이다. 기도나 열심히 하고.

그 무렵에 나를 장악했던 자학과 방황들은 돌아볼 때마다 한심하고 민망하다. "대체 언제까지 습작해야 제대로 된 글을 한 편이라도 쓰게 되나?" 이 문제를 생각하면 새벽까지 잠이 안 오고 불안증이 심해졌다. 지금도 숱한 작가 지망생이 이 문제로 밤잠을 설치고 있을 것이다. 그때 나는 내가 등록금에 더해 직장을 포기한 기회비용까지 큰돈을 쓴 압박감에 그런 걱정이 드는 것인 줄 알았다. 그런데 훗날 이 문제를 표제로 걸고 진행하는 일일 강의도 목격했다. 학교 밖이나 안이나 그때의 나 같은 사람이 많나 보다.

그런데 잠깐, '습작기'란 게 대체 무엇이지? 이제 와 생각하니 의구심이 든다. 대학원에서 만난 학생 중에는 학부 시절에는 단편 한 편을 온전히 써본 적이 없었으며 딱히 소설가가 되려 했던 적도 없었다고 고백한 이도 있었다. 대학원 진학 첫 학기에는 단편 분량을 채워내는 것조차 힘겨워하는 학생도 있었다. 그들도 '문예창작학부' 졸업생이니 4년 습작기로 쳐 주어야 하는 것일까?

마크 트웨인 선생께서는 인간을 탐구하려면 자기 자신부터 탐구하라고 하셨다. 습작기 탐구도 내 경우에서부터 시작해 봐야겠다.

일단 시작점을 탐구해 보자. '허구의 사건을 글로 써내는 것'이 그 시작점일까? 그러면 내 습작기는 무려 열 살까지 거슬러 올라가야 한다. 아버지가 어린 딸을 사고로 죽이고 들키지 않으려 전전긍긍하는, 말하자면 일종의 범죄소설 같은 것을 써서 엄마에게 보여줬다. 혼이 났다. 그런 것을 쓰면 안 된다는 교훈을 얻었다. 그래서 다음에는 몰래 썼다. 첩보원 삼촌을 둔 소녀의 이야기를 썼다. 소녀가 친구들에게 삼촌이 첩보원이라고 주장하는데 안 믿어주니까 스스로 밝혀낸다는 스토리였다. 제법 원고지에 격을 갖춰 썼고, 급격한 사이다 반전이 있었던 것으로 기억한다(과거는 미화되므로 내 말을 너무 신뢰하진 마시라. 겨우 열 살이었다.).

나는 열 살부터 습작기였는가? 아니다. 그렇지 않다. 그 뒤로는 흐지부지되고 말았다. 아마 그 무렵에 내가 학교 도서관에서 읽은 책의 영향을 받았던 것 같다. 나는 지독한 근시라 먼 곳보다 가까운 곳을 보기가 편해 쉬는 시간에 주로 책을 보러 갔다. 지금도 나무판을 열람 표식으로 썼던 그 시절의 구식 서가가 또렷이 기억이 난다.

다시 시작점을 잡아보자. 습작기라면 '투고' 정도는 해야 요건이 될 것 같다. 등단으로 쳐주지 않는 백일장은 제외하고, 등단으로 쳐주는 문예 공모전에 투고하는 때를 시작점으로 잡아보자. 첫 신춘 투고는 대학 때였다. 교양국어 교수님이 부추기는 통에 약간 바람이 들어서 달랑 한 편 완성한 소설을 신춘에 넣어보았다. 당연히 떨어졌다. 그럼 그렇지, 하고 다음 도전은 없었다. 양심에 손을 얹고 대학 때부터 습작기라고는 할 수 없을 것 같다. 뭘 써냈는지 기억도 가물거린다(사실 기억나지만 말할 수 없다.).

그래, 이런 기준은 안 된다. 습작기라면 목표 의식 정도는 있어야지 않겠나. 애들 장난도 아니고 코 묻은 원고지나 교양과목 과제를 하다가 얼렁뚱땅 쓴 글로 감히 습작기를 넘보려 하다니. 습작기라면 '작가'가 되고 싶다는 목적의식 정도는 있어야지.

결혼 전에 민예총에서 소설창작교실을 수강한 적이 있었다. '작가'가 되고 싶었다. 왜 되고 싶었냐면, '대필 작가'가 되고 싶어서였다. 근무했던 출판사가 대필 작가와 원고 거래를 했는데, 거래액을 보고 깜짝 놀란 뒤였다. 내 박봉과 비교해 보니 그 업이 나을 것 같았다. 그때는 그분들이 그런 계약을 매월 하진 않을 거란 생각은 하지 못했다. 허술한 사전 정보와 엉터리 목표 의식을 가지고 소설을 배우러 다녔더니 본질보다 부수적인 것을 더 열심히 하게 되었다. 이를테면 막걸릿집에서 노래 부르기, 인생 선배들에게 밥이나 술 얻어먹기, 새벽의 지하철역에 토사물 자국을 만들어 놓기. 소설은 대충 분량만 채워 제출했다. 그 무렵에는 나도 메타 인지라는 게 생겨서 신춘 응모는 아예 하지도 않았다.

아무래도 저런 것은 미적지근한 몽상이지 목표 의식이 아닌 것 같다. '소설가가 되고 싶다'는 목표의식이 활줄로 아래턱을 누른 박성현 양궁 선수 수준으로 또렷할 때를 시작점으로 다시 설정해 보자.

석사 재학 시절에 부당하고 억울하고 수치스러운 일을 당했다. 비밀 서약을 해서 지금도 밝힐 수 없는 그 일 때문에 밤에는 잠이 안 왔고, 굴욕감과 모욕감 속에서 미친 듯이 글을 써댔다. 그해 겨울에 나는 일주일 간격으로 한 편, 세 편, 다섯 편씩 소설을 만들었다. 그렇게 속성으로 제작한 소설을 들고 우체국을 찾았다. 모조리 신춘에 투고했다. 자, 봐라. 너만큼이나 나도 내 입장을 조리

있게 말할 수 있는 지성을 가졌다. 학벌도 돈도 없으니 몸뚱이와 시간밖에 없는 줄 아시겠지만, 나도 읽고 쓸 줄 안다. 애가 둘이나 딸려 있으니 투사가 될 수 없어 고개를 숙였지만, 허구의 틀을 빌려서라도 쏟아내야겠다.

씻을 시간도 없어서 봉두난발이 된 채로 우체국을 들락거렸더니, 하루는 우체국 직원이 내 핏발 선 눈을 들여다보며 말했다.

"작품 활동하느라 힘드신가 봐요."

짧게는 이틀, 길게는 일주일 간격으로 계속 보니 직원이 내 얼굴을 익혀 버린 것이었다. 신춘 응모를 해본 사람이면 알겠지만, 겉봉에 응모 부문을 크게 쓰게 되어 있다. 부끄러워서 이사를 갔다. 당연히 거짓말이다. 이사를 가긴 했는데, 부끄러워서는 아니었으나 부끄러웠기 때문에 다행스러웠다. 계속 거기 살았으면 우체국 원정을 다녀야 했을지도 모른다.

그때의 글들은 재활용품도 못 되는 쓰레기였다. 쓰레기로 치면 환경 유해 물질 가득한 쓰레기쯤 되겠다. 그렇다고 그 글쓰기가 무용했다는 것은 아니다. 그 행위를 통해 나는 가슴을 짓누르는 분노를 그나마 들고 다닐 수 있을 정도의 무게로 덜어낼 수 있었다.

후에 알고 보니, 정서적 격앙 상태에서 무지막지한 분량의 글을 써낸 경험을 한 사람이 내 생각만큼 희귀한 것은 아니었다. 이혼 직후 백몇십 편의 시를 써냈다는 사람도 있었다. 이혼까지는 아니더라도 실연을 한 후에 틀어박혀 글만 썼다는 사람도 있었고, 사업에 실패하고 틀어박혀 소설을 쓴 사람도 있었다.

다시 습작기에 대한 논의로 돌아가 보자. 우체국 직원을 당황시켰던 그때 나는 습작기였나? 아니다. 감정적 폭풍 상태가 지나가자 나는 또다시 소설가가 되고 싶은 동력을 잃었다. 진짜 습작기의 시작은 대학원을 입학하던 해로 잡아야 하는데, 단순히 학교에 갔기 때문이 아니다.

이제 나는 내 습작기의 시작점을 정할 수 있다. 존 가드너는 습작기란 따로 존재하지 않는다는 입장이지만, 만약에 소설가에게 습작기란 게 있다면 적어도 세 가지는 충족되어야 할 것 같다. 첫째로 기준치의 분량을 써낼 수 있을 것, 둘째로 소설에 대한 목표 의식이 뚜렷할 것, 셋째로 주관적 감정에만 매몰되지 않은 글쓰기가 가능해질 것. 혹은 자기 문제를 보편 주제 의식의 틀에 끼워 맞출 수 있는 거리감이 확보될 것.

시작이 정해졌다. 끝을 알 수 없어 불안했던 날들도 지나갔다. 이제야 제대로 된 질문이 시작된다. 지금 나는 '습작기의 끝'을 지나왔나?

23년 봄에 반가운 전화를 한 통 받았는데, 십 년 전에 민예총의 소설창작반을 함께 들었던 지인이었다. 그분은 그 강좌를 수료하고 문예창작 대학원에 진학했고, 나는 소설과 관련 없는 삶을 살았다. 그런데 그분이 직전 해에 등단을 하셨단다. 그것도 두 군데에서! 알음알음으로 내 소식을 접하고서야 자기 소식을 알려도 되겠다 판단하고 연락을 해오신 것이었다.

그 소식이 너무 반가웠고 내가 참 오만했다는 반성도 했다. 행운의 여신이 내게는 일찍 찾아온 것인지도 몰랐다. 그분은 10년

전에 이미 원숙한 글솜씨를 가진 분이었다.

그분과 오랜만에 전화로 수다를 떨었다. 지금도 기억에 남는 그분의 말이 있다. 대단한 철학이나 사상을 담은 말은 아니었다. "당선되면 날아갈 것 같았는데, 별로 그렇지도 않더라구요." 하는 내 말에 그분이 "나도 그래. 통보받은 그날 하루? 잠깐? 그뿐이지 뭐." 하고 답하신 것이다. 그 말이 왜 그렇게 위로가 됐을까? 그 한마디에 뭉쳐가던 명치가 녹아서 말랑말랑해졌다.

오랜만에 마음을 내려놓고 웃는 나를 발견했다. 혼자 테이블을 차지하고 앉은 카페 창밖에서는 봄이 오고 있었다. 테이블 위에는 펼쳐진 노트북이 있었다. 소설이 뭐라고 놓지 못하고 살까? 인생이 뒤집힐 듯이 달려들었지만, '그날 하루 잠깐' 웃고는 또다시 별일 없는 일상이 흘러갔다. 우리가 나눈 이야기들 속에서 우리는 예전보다 사람을 덜 만나고 혼자 있는 시간이 길어졌고, 남들에게 이해받지 못하는 고민을 끌어안고 살지만 굳이 이해받으려 애쓰지 않았다. 한쪽이 들으면 배부른 투정이 되고 다른 쪽과 비교하면 배고픈 허기가 되는 고민들이었다. 투정과 허기 사이의 어딘가에서 우리는 '신생 작가'로 살고 있었다.

습작기의 시작점에서 얻었던 고민들은 여전히 진행형이다. 이해받지 못한다는 외로움은 평생 끌어안고 가야 할 만성질환이 되었다. 혈압약을 챙겨 먹듯이 비슷한 처지의(혹은 처지를 겪었던) 작가들의 글을 찾아 읽으며 위로를 얻고 살아갈 것이다. 이것이 맞는 해결책인지는 모르겠다. 치료법을 모르지만 적어도 병의 정체는 알았다. 일주일 앓고 떨어질 감기는 아닌 것 같다.

어떤 고민은 휘발되었다. 얼마 전에 누군가 내게 '내가 글을 쓰고 싶은 건지 작가라는 존재가 되고 싶은 건지 모르겠다.'는 고민을 털어놓았다. 그 마음을 알 것 같았다. 한때 나도 그런 고민을 했다. 이제 나는 그런 자책을 하지 않는다. 그 둘을 구분할 수 있다면, 그리고 '순수한' 글쓰기 욕망이 자신에게 없다는 이유로 글쓰기를 그만둬야 한다면 이 세상 작가 중 많은 수가 사라져야 할 것이다.

내 경우에 쓰기 욕망은 식욕 같은 게 아니다. 그렇다고 높은 차원의 자아실현 욕구 같은 것도 아니다. 굳이 비유하자면, 많이 먹고 나서 어쩔 수 없이 가게 되는 화장실 욕구와 비슷하다. 읽고 생각하고 고민하고 한두 줄이라도 써두는 일을 반복하면 내장이 꽉 찼을 때 배가 살살 아프기 시작한다. 이 책, 저 책과 대화하고 '나는 왜 이런 걸 못 쓸까?' 울면서 씹어 넘기고 그러다 보면 "잠시만, 너희들끼리 이야기 좀 하고 있어. 나는 화장실이 급해서." 하고 외치게 된다. 시원하게 싸고 나면 다시 시작이다. 또 읽고 대화하고 씹어 삼키고 소화 시키고……

이 비유는 쓰기의 '욕구'에 초점을 둔 것이지만, 그렇게 생산한 글들이 성공적인 '작품'이 되는가 하는 문제에도 적용 가능하다. 내 경우에 한정해서 말하자면, 말 그대로 '똥'일 때가 더 많다. 적어도 생산 직후에는 전부 똥처럼 보인다. 고치면 나아질 때도 있지만 여전히 똥인 채로 내버려져 있는 글이 더 많다. 이제는 그러려니 한다. 서랍에 넣어두고 코를 틀어쥐게 하는 냄새가 좀 가시고 나면 꺼내 본다.

예술은 칵테일파티보다는 상어가 한가득 든 수조에 가깝다. 모든 게 진짜배기이며, 단지 연습을 위한 건 아무것도 없다. (로버트 프로스트는 "나는 절대 습작을 쓰지 않는다. 하지만 때로 실패한 시들을 썼을 때, 그것들을 습작이라고 부른다."라고 말했다.)

—존 가드너, 앞의 책.

실패한 글을 써내는 시기가 습작기라면, 아마도 나는 여전히 습작기인 것 같다. 습작기를 결승 테이프처럼 가슴팍으로 밀고 지나온 것이면 좋으련만. 죽는 순간까지 인생에서 연습을 말끔히 걷어낼 수는 없겠지. 문제는 '나 아직 습작기야!' 외쳐봐도 상어가 눈 하나 깜짝하지 않는다는 것일 뿐. 눈물에 젖은 습(濕)작들로 수조를 가득 채우면 상어도 질식해버릴 날이 오겠지.

오늘도 연습 없는 실전이다. 코피가 터지고 나면 말하겠지. 아, 연습 게임이었습니다. 연습 게임으로 쳐주세요. (제발)

뒷걸음질로 달려가는 사람이 되어 – 나만 아는 작법서 첫 번째

대학원에 입학해서 '합평'이란 것을 겪으며 알게 되었다. 다른 사람의 글은 송곳같이 예리하게 파고들어 평할 줄 아는 사람도 자기 글을 볼 때는 지독한 원시가 된다는 것을. 먼 소나무 밑의 개미 한 마리까지 보이던 눈이 바로 코앞의 글만 보려 들면 셀카 어플의 필터 효과가 가동되는 것이다. 뿌옇게 흐려지고 자동 보정이 실행된다. 나 역시 마찬가지였다. 누군가 내 글에 돋보기를 들이대 주자 비로소 '아하, 내가 실체를 보는 것이 아니라 내 망상 속의 이상향을 보고 있었구나.' 하고 깨달았다.

입학 첫 학기에 들었던 평 중에는 듣던 당시에도 충격적이었고, 지금도 콤플렉스로 남아있는 것이 있다. 하나는 '낡은 소설'을 쓴다는 것. 다른 하나는 '이야기가 없다'는 것.

지금도 두 가지는 내 목을 틀어쥐고 있는 화두이다. 두 가지 모두 충격적인 진실이었지만, '이야기가 없다'는 것은 매우 충격적이었다. 내 소설이 낡아 보이는 것이야 그 당시까지 내가 즐겨 읽는 소설이 동시대 젊은 작가들의 것은 아니었으니 어쩌면 당연한 일이었다. 그런데 이야기가 없다니.

'이야기'라면 누구보다 잘 안다고 자부했다. 아이들을 키우며 그런 자부심은 한층 더해졌다. 그전에도 지인들 앞에서 아무 말 대잔치를 벌이기 좋아했고, 술자리에서 누군가 '일화'를 털어놓기만 하면 귀를 바짝 세우고 다가드는 사람이었지만, 아이들을 키우며 그런 성향은 더 심해졌다. 나의 '구라빨'은 체험의 각색 정도가 아니라 '완전히 지어낸 이야기'로 미끄러져 들어갔다. '이야기'를 사랑하는 존재들인 아이들과 함께 지냈기 때문이었다.

아이들이 싸우면 괜한 일로 싸우다 낭패를 본 개미 형제 이야기를 지어냈다. 개미 형제는 몇백 명쯤 되기 때문에 형제 싸움에

피소드는 경우의 수가 엄청났다. 평생을 지껄여도 끝나지 않을 것 같았다. 이따금 형제 싸움에 사마귀나 거미가 끼어들면 수백 명의 형제가 사마귀 한 놈을 '다구리' 치기도 했다.

아이들이 태블릿을 너무 오래 보면 태블릿을 보다가 눈이 빠져 버린 형제 이야기를 지어냈다. 그 형제는 어느 에피소드에선가 착오로 눈알을 서로 바꿔 끼웠는데, 덕분에 형은 고개를 숙일 때마다 한쪽 눈알이 바닥에 툭 떨어졌고, 동생은 한쪽 눈이 치켜뜬 상태로 뻑뻑하게 고정되어 돌아가지 않았다.

아이들을 재울 때도 이야기를 지어냈다. 저녁마다 아이들보다 먼저 누워서 등이 바닥에 붙어버린 나는 "책 읽어줘." 하는 아이들의 요구에 이야기를 대충 지어내 들려주기 일쑤였다. 책을 뽑으러 일어나 나가느니 입만 달싹거리는 게 편했기 때문이었다.

이야기의 시작은 패턴이 일정했다.

"그냥 자. 잠잘 시간 되어도 안 자다가 침대 귀신에게 먹힌 애 이야기 몰라?"

"응. 모르는데?"

"아니? 그 이야기를 모른다고?"

"몰라. 그런 이야기가 있어?"

"당연히 모르겠지. 지금 엄마가 지어낼 거니까."

그러면 아이들이 깔깔대면서 얼른 지어내라고 부추기곤 했다.

비교적 최근에 이야기를 지어낸 일은 둘째 녀석이 학교에서 공짜로 나눠주는 슬러시를 못 얻어먹어서 부아가 났을 때이다. 내가 가방에 텀블러를 안 챙겨 넣어줘서 그런 것이었지만, 슬러시 파는 곳까지 가자는 아이의 요구는 무리한 것이었다. 그날 나는 차를 가져가지 않았는데, 슬러시 가게까지 걸어갔다가는 아이가 업어달라고 할 게 뻔했다. 그래서 아이의 불만을 틀어막으려고 개미 군단이 슬러시 통을 탈취하러 가는 이야기를 지어냈다.

"니가 슬러시에 집착하는 것을 보니 개미 군단의 슬러시 탈취 작전을 지휘했던 장군님이 생각나는구나."

아이는 액션 전쟁 대서사시를 생각했겠지만, 개미 군단이 슬러시를 탈취하기도 전에 집 앞에 당도했다.

개미 군단이 작전 회의만 했는데 10여 분이 흘러갔다. 슬러시 가게의 슬러시 통이 놓인 탁자의 다리를 기준으로 작전명 넘버1, 넘버2, 넘버3, 넘버4가 있고, 각 다리마다 고난이 예견된다는 보고가 있고, 넘버1과 넘버4 간의 사선 거리가 개미 입장에서는 어마어마한 데다가 그 사이에 슬러시 반 구정물 반의 물웅덩이가 있고, 거기 진딧물이 부대가 이미 진을 치고 있고…… 이런 식으로 아무 말이나 지어내면 작전 회의만 하다가 해가 질 수도 있었는데, 아이가 대체 진격은 언제 하느냐고 짜증을 냈다. 할 수 없이 회의를 서둘러 끝내고 개미 군단이 출격했다. 출격하고 이내 집 앞에 다다랐기에, 개미 군단이 작전명 넘버1로 기어오르자마자 슬러시 집 사장님이 살충제를 가지고 나와 급하게 몰살시켰다.

마음 약한 아이라면 울 법한 결말이지만, 단련된 우리 아들들은 그러려니 한다. '그럼 그렇지. 엄마가 또 이럴 줄 알았지.' 정도의 대범한 태도를 보인다. (말이 나왔으니 말인데, 요즘은 "~하는 이야기 몰라? 당연히 모르겠지. 엄마가 지금 지어낼 거니까." 패

턴도 쓰지 않는 편이다. 하도 써먹었더니 아이들이 이제는 웃지 않고 '또 시작이네.' 하는 표정으로 보기 때문이다.)

  후에 알고 보니 이런 '아이 후리기용 구라쟁이' 성향은 '소설'을 쓰려고 하는 사람 중에서는 흔했다. 안면이 있는 어떤 작가는 작품 후기에 자신이 아이의 잠자리에서 읽어주는 동화책을 각색한다고 밝히며 이야기를 창작하는 소질에 대해 털어놓았다. 소설창작반 수강에 대해 질의해 온 지인은 부끄러운 듯이 '아이들 잠자리에서 이야기를 지어내서 들려준다'며 이런 기질을 발전시켜 동화나 소설을 쓰고 싶다고 고백했다. 몇 년 전에는 웹소설 작가분을 한 명 알고 지낸 적이 있는데, 그분도 아이에게 이야기를 지어내 들려준다고 했다.

  어떤 평론가와 술자리에서 그 주제로 대화를 나눈 적도 있다. 위의 사례들을 종합해 우리는 아이에게 이야기를 지어내 들려주는가 아닌가 하는 것으로(물론 아이를 둔 여성에 한정한 것이지만) 창작하는 사람과 평론하는 사람을 구분할 수 있다고 결론 냈다. 생각해 보니 여성에만 한정할 것도 아니다. 내 주위의 사례는 거의 여성이지만, 마크 트웨인도 딸들에게 이야기를 지어내 들려줬다고 자서전을 통해 밝힌 바 있다.

  내가(우리가) 하는 이러한 활동들은 '이야기'가 아니란 말인가? 이야기라면 이런 것 아닌가? 내 소설에 이야기가 없다니, 받아들일 수가 없었다.

  학교를 다니면서 '이야기'의 실체를 찾기 위해 고심했던 것 같다. 결론을 말하면 내 경우에 '이야기가 없다'는 평은 '재미가 없다'와 유의어에 가깝다는 것을 알게 되었다(다른 의미도 있는데 그것은 다음 챕터에서 밝히도록 하겠다.). 사람도 나오고 묘사도 나오고 등장인물들이 움직이기도 하는데, 어쩐지 허전하고 재미가 없는 것이다.

그것을 알게 되기까지 작법서를 굉장히 열심히 읽었다. 그때 웬만한 유명 작법서들을 거의 훑은 것 같다. 그런데 '어떻게 해야 재미있는 글을 쓰나?' 하는 답을 작법서에서 얻었냐고 물으면 정수리를 긁을 수밖에 없다. 작법서마다 제 나름의 언어로 규칙과 패턴을 알려주었고, 소설가의 '자세'에 대해 알려주기도 했지만, 대개는 읽고 있는 순간에만 '오호' 하고 정답을 찾은 듯한 광명이 찾아왔을 뿐이었다. 마지막 장을 덮고 나면 다시 암흑 속이었다. 그래서 이른바 '서사학'이라고 하는 이론서들도 보았다. 무슨 말인지 더 이해하기 어려웠다.

소설 작법과 서사학 서적들을 대거 읽고 깨달은 사실은 이런 식의 배움은 돌돌 말아놓은 실타래를 움켜쥔 채로 미궁의 평면지도만 열심히 들여다보는 일이란 것이었다. 막상 어둠 속의 미궁에 들어서면 미리 익혀둔 지도는 별 쓸모가 없다. 미궁을 통과할 때는 내 손으로 실을 풀며 나가야 했다. 그래야 다시 되짚어갈 수 있는 것이다. 말하자면 창작은 실전이고, 실전이 있고 난 뒤에 실을 되짚어가는 일이 작법이었다. 성공한 작품들의 사례를 귀납적으로 추적한 것이 작법서라는 말이다. 어떠한 작법서도 수학 공식처럼 연역적 전제로 주어지는 열쇠는 될 수 없었.

그 뒤로는 작법서 읽기를 그만두고 습작을 더 열심히 했던 것 같다.

  책은 참 희한한 것이다. 독서행위의 양방향성에 대한 이론도 난무하는 걸 보면, 독서란 읽는 이가 재창작하는 행위라고 해도 과언이 아니다. 대학원을 수료한 뒤에 나는 내 인생의 작법서를 만났다. 나는 그 책의 배움에 경도된 나머지 그 책을 '작법서'라며 추천하고 다녔다. 그러나 누구든 책의 제목을 들으면 황당할 것이다. 그 책은 바로,

키스 존스톤의 『즉흥연기』.

'연기와 숨어 있는 상상력에 관한 이야기'라는 부제가 붙은 이 책은, 그렇다, 제목 그대로 연기에 관한 책이다. 연기 중에서도 사전 대본 없이 즉흥적으로 무대 위에서 연기를 해내는 '즉흥연기'를 지도하는 연기 지도서이다.

  내 추천을 받고 속는 셈 치고 읽었던 사람들의 반응은 "정말 속았다. 이게 뭐냐? 내 시간 물어내라."에 가까웠다. 그런 반응이 처음에는 이해할 수가 없었다. 왜 이 책에서 아무것도 못 보는 거지? 그런데 생각해 보니, 배움은 상대적인 것이라 내가 부족한 부분을 꼭 집어 알려준 선생은 나에게 은인일 뿐, 모두에게 족집게 일타 강사라는 보장이 없었다.

> 나는 학교 교육에 저항하려고 했지만 나한테는 무엇보다도 지적 능력이 중요한 부분이라는 생각을 받아들였다. 나는 모든 방면에서 똑똑한 학생이고 싶었다. 나와 학교의 관심이 일치되는 분야일수록 피해는 컸다. 글쓰기가 그 예다(나

는 쓰고 또다시 고쳐 썼고, 그러다 보니 거침없이 써 내려가던 능력을 죄다 상실하고 말았다). 나는 영감은 지식과는 상관이 없다는 것, 내가 완벽하지 않아도 된다는 사실을 망각했다. 결국 나는 그 어느 것도 시도하기를 꺼리게 되었고 처음에 떠오른 생각은 하나같이 시시하게 느껴졌다. 모든 것이 수정되고 정렬되어야 했다.

―키스 존스톤, 『즉흥연기』, p.22.

위 부분을 처음 읽고 한탄에 잠겼다. 그때 나는 날이 갈수록 글쓰기가 더 어려워지던 참이었다. 더 잘 쓰려고 간 학교에서 많은 것을 잃어버린 기분이었다. 물론 얻은 것도 많았다. 득과 실. 무엇이 날아갔고 무엇이 차올랐는가.

얻은 것은 분명했다. 비평의 용어들을 어렴풋이 이해할 수 있었고, 문학적 전통이라는 학문적 실체를 인정하게 되었다. 반면에 싱싱한 상상력의 모험을 회피하는 겁쟁이가 되어 버렸다. 한 줄을 썼을 뿐인데 위축되었다. 이 지리멸렬한 글을 계속 써야 되나 회의감이 들었다.

『즉흥연기』는 그랬던 나에게 용기와 힘, 무모함을 되찾게 해준 책이었다. 이 책에는 상상력의 옹호 외에도 '작법'에 준하는 가르침이 들어 있다. 예를 들면, 인물들 간의 갈등을 그릴 때 훨씬 생생하게 표현될 수 있는 방법을 설명해 주는 '지위 놀이' 부분이나, 사건의 연쇄가 어째서 이야기가 될 수 없는지를 설명해 주는 '이야기 만들기(Narrative Skills)' 부분이 그러하다. 내가 가장 경도

된 가르침은 이야기 만들기에 나오는 '재통합'이라는 개념이다.

지금도 기억이 난다. '재통합'을 접하고 무릎을 친 나는 당장 그날 저녁에 그 개념을 써먹어 보기로 했다. 저녁을 먹은 뒤에 자꾸 유투브를 보여달라고 졸라대는 아이들에게 나는 '이쑤시개 외계인' 이야기를 하기 시작했다. 이야기의 내용은 지금 다 기억나지 않는다. 기억난다고 해도 그걸 여기 다 쓸 수는 없다. 그러니 키스 존스톤의 '재통합' 개념을 적용한 부분을 중심으로 서술해 보겠다.

어떤 남자의 코 아래에 털 대신 이쑤시개가 자라나기 시작했다(이 불쌍한 남자를 만들어낸 무의식의 DNA는 마침 식탁에 놓여 있던 이쑤시개와 그 무렵에 읽고 있던 엠마누엘 카레르의 〈콧수염〉으로 된 이중나선임이 분명하다.). 이야기의 초반부에 남자는 자신이 이쑤시개 바이러스에 감염되었다는 것을 모르고 병원을 전전한다(바이러스는 이쑤시개 외계인이 지구를 침공할 목적으로 퍼뜨린 것이지만, 그것은 나중에 밝혀진다.). 그때 잠시 스치듯이 지나가는 주변 인물로 '이쑤시개만 30년 만들어온, 이쑤시개 외길 인생, 이쑤시개 장인'이 등장했다. 아이들이 웃으라고 넣은 것이었다. 그는 병원의 대기 의자에서 남자의 코 밑에 자라난 것이 이쑤시개가 틀림없다고 감별해 준다.

이후에 이야기는 남자의 병명을 밝히려는 고군분투에서 느닷없는 NASA의 개입, 외계인의 지구 침공, 이쑤시개 수염과 머리털을 부여잡고 괴로워하는 지구인들로 가득 찬 아포칼립스로 돌변한다. 구술 작화적인 널뛰기 전개에 충실하게 진행되던 이야기는 드디어 결말부에 접어든다. 남자는 외계인의 우주선에 몰래 숨어 들어 지구를 구하려고 하는데, 이때 외계인에게 들킬 위기에 처한 그를 우주인 헬멧을 쓴 사람이 도와준다. "생명의 은인이시군요. 그런데 누구세요?" 헬멧을 벗으면, 그는 '이쑤시개만 30년 만들어온, 이쑤시개 외길인생, 이쑤시개 장인'이다. 임진왜란 때 도공을 납치했던 일본인들처럼 외계인들이 이쑤시개 장인을 납치해 우주선에 태웠던 것이다.

이 부분에서 아이들은 이전에 없이 환호했다. 열광했다고 표현하는 게 좋겠다. 이런 이야기를 또 해달라고 했다. 전에 없던 반응이었다. 키스 존스톤이 옳았다.

> 이야기가 그저 사건의 연속을 뜻하는 것이 아니라는 것은 삼척동자도 안다. 안 그러면 아이들한테 옛날이야기를 들려줄 때 "그래서 그게 끝이에요?"라고 물을 리 없다. 우리가 "이야기는 기술될 수 있는 사건의 연속"이라고 한다면 이렇게 묻지 않을 수 없을 것이다. "왜 우리는 다른 것이 아닌 이 사건들의 연속을 기술하는가?"
>
> (중략)
>
> 듣는 이는 무의식적으로 또 하나의 활동이 시작되기를 기다리고 있는데, 그가 기대하는 것은 자유 연상이 아니라 재통합이다.
>
> —앞의 책, pp.217~218.

'재통합'은 새로운 개념이 아니다. 미스터리 장르에서는 장르 문법으로 굳어진 플롯의 특징이기도 하다. 세간에서는 '떡밥 회수'라고도 하는데, '복선'과도 비슷한 개념이다. '재통합'이 다른 점은 시간의 역순이 아니라, 순방향으로 이루어진 개념이라는 것이다. 복선은 이야기가 완료된 후에 이야기의 앞으로 되짚어 들어가며 찾아내는 개념이다. 이에 비해 키스 존스톤의 '재통합'은 이야기가 창작되는 흐름에 맞춘 개념이다.

'아니, 무슨 차이야? 재통합이라니. 떡밥 회수나 복선은 중고생도 알 정도의 이야기 스킬이라 작법이랄 것도 없는데.'

이렇게 외치는 분의 목소리가 지금 내 귀에 들리는 것 같다. 이제 알겠는가? 왜 내가 이 책을 추천하고 욕만 먹었는지. 그러나 나는 이 책에서 '번쩍' 하는 깨달음을 얻었다. 그전까지 나를 짓누르던 억압의 실체를 알아버린 것이었다.

'재통합'에 대한 다음의 서술은 키스 존스톤이 내게 알려준 '백지 공포증을 극복하는 법'쯤 되겠다.

> 즉흥 연기자는 거꾸로 걸어가는 사람 같아야 한다. 그는 자신이 어디에 있었는지는 알지만 미래에는 신경 쓰지 않는다. 그의 이야기는 그를 어디로든 데려갈 수 있지만 그럼에도 불구하고 그는 보류되었던 사건을 기억해내고 이야기 속으로 재통합시킴으로써 "균형"을 맞추고 구체화시켜야 한다. 앞에

나왔던 소재가 이야기 속에 다시 등장하면 관객이 박수를 치는 경우가 종종 있다. 그들은 자신이 왜 박수를 쳤는지 알지 못하지만 재통합이 그들에게 그러한 즐거움을 주는 것이다.
―앞의 책, pp.225~226.

우선 "자유 연상"을 하도록 한 뒤에 배우들이 연관 없는 소재들을 제시하면 그것들을 "연결하라" 혹은 "재통합하라"고 한다.
이 놀이는 작가들에게 아주 유용하다. 첫째, 무엇이든 쓰고 싶은 대로 쓸 수 있게 해준다. 둘째, 쓰다가 막히면 앞을 살피는 대신에 *뒤를 돌아보라*는 뜻이기도 하다. 제쳐 두었던 것을 찾아 다시 포함시키는 것이다.
―위의 책, pp.228~229.

기존 작법서들이 나에게 일으키는 문제점은 분명했다. 아직 걷지도 않았는데 벌써 목표지점을 알려주며 '거기로' 가라고 이른다. 나는 한두 발 떼보다가 겁을 먹는다. 아무래도 이 길이 아닌 것 같아.
끝까지 쓴 뒤에 결말에 맞추어 복선을 밀어 넣는 방식은 나에게 맞지 않았다. 그렇게 하면 글이 부자연스럽고 삐걱거렸다. 시놉시스를 촘촘히 써서 그대로 써나가는 방식도 결과가 좋지 않았다. 완성된 글이 레고 블록으로 된 무생물처럼 느껴졌다. 그렇다고 '자유연상'에 가깝게 내 멋대로 쓴 글은 더 아니었다. 그건 정말 아니었다. 결국 '나는 이야기꾼으로 재능이 없는 것일까?' 하는 자책에 시달렸다.

키스 존스톤에게서 내가 얻은 교훈은 일단 걸으라는 것이다. 목적지는 도착하기 전까지 알 수 없다. 다만 가는 길에 꽃을 꺾거나 돌을 주워두면 좋다. 아름다운 사람이 나타나면 꽃을 선물하고 길을 막는 들개가 나타나면 돌을 던진다. 뭐가 나타날지 알 게 뭔가? 그냥 묵묵히 전진하는 것이다. 아니, 뒷걸음질 치는 것이다.

어차피 결말은 나도 모른다. 내가 이미 써둔 정보들을 읽으며 나도 예상치 못한 결말을 찾아내야 한다. 내가 미리 예견한 결말은 독자도 예견할 것이다. 다만 기억해야 한다. 내가 이미 써놓은 것을 독자도 선명하게 기억한다. 이미 쓴 문장들에 책임을 지며 전진하는 것이다. 발은 앞으로 걷되 눈은 지나온 길을 보아야 한다.

그렇게 마음을 먹자 마음이 편해졌다. 막막한 글쓰기에 뒤통수를 들이대고 밀어붙이는 기분이랄까. 이건 원래 막막한 거야. 그냥 가자.

오늘도 나는 꿋꿋이 『즉흥연기』를 추천한다. 욕먹으면…, 오래 산다고들 하더라고.

모든 예술이 프로파간다라면 모든 예술가는 전술가이다 — 나

만 아는 작법서 두 번째

> 모든 예술은 프로파간다다. 디킨스 본인도, 빅토리아 시대 대다수 소설가도 이를 부정하려고 하지 않을 것이다. 다른 한편 모든 프로파간다가 예술은 아니다.
> —조지 오웰, 『모든 예술은 프로파간다다-조지 오웰 평론집』 중

"그래서? 대체 하고 싶은 이야기가 뭡니까?"

장황하게 떠드는 사람을 앞에 두고 이 말이 목구멍까지 치솟은 경험, 아마 다들 있을 것이다. 나는 그 말을 목구멍으로 도로 눌러 넣으며 '경청하자' 다짐하던 특정한 기간이 있었다. 20대에 잠시 '성폭력 및 가정폭력 상담원'으로 일했기 때문이다.

폭력을 당하고 도움을 청한 여성들은 대개 할 말이 참 많았다. 감정이 격앙되어 호소하고 하소연하고, 천하루 밤이 아니라 천구백구십 일 밤이라도 이야기를 계속할 태세였지만, 그들은 셰에라자드가 될 가능성은 없어 보였다. 솔직히 고백하면 나는 그들의 말을 절반도 알아들을 수가 없었다. 끼어들어 질문을 하고 확인해야만 그분들 말의 의미와 의도를 파악할 수 있었는데, 그것조차 여의치 않았다. 질문을 받으면 앞서 자기주장과 대치되는 답변을 하기 일쑤였다. 대체 원하는 게 뭔지, 이혼을 하고 싶다는 건지 아니라는 건지, 법률 구조를 원한다는 건지 아니라는 건지, 대화를 하면 할수록 헷갈렸다.

여성단체에서 폭력에 노출된 여성들을 구조하는 일은 1년 만

에 그만두었다. 왜 그만뒀는지에 대해 온갖 핑계를 댈 수 있다. 그리고 온갖 핑계를 대며 살아왔다. 그러나 이제 와 양심에 손을 얹고 말하자면, 나는 그 업을 '사명감'보다는 '도피'로 선택했다. 그러니 버티지 못했던 것이다.

학부를 졸업하고 투잡을 뛰었다. 학부 때 부모님은 이혼하셨고, 졸업과 동시에 나는 자취 살림을 청산하고 모친과 단둘이 사는 살림을 시작했다. 통장을 모친에게 맡기고 잠자는 시간과 새벽 운동하는 시간 빼고는 일만 했다. 졸업 직후에는 법무사에 잠깐 있었는데, 야근을 퇴근과 동의어로 여길 지경이라 그만두었다. 야근 자체가 문제가 아니라 당시 하고 있던 논술 첨삭 아르바이트를 병행할 수가 없었기 때문이었다. 그만둔다고 하니 사무장이 당시 인근에서 가장 고급인 커피숍으로 데려가 비싼 메뉴를 시켜주고 설득했다. 나는 사직 이유를 정직하게 밝혔다. 투잡을 못해서 그만두겠다고 했더니, 사무장이 이렇게 말했다.

"무슨 어린애가 이렇게 돈 욕심이 많아?"

야근 수당도 없이 야근을 시키는 어른들 눈에 나는 돈 욕심 많은 어린애였다. 아무튼 그때의 나는 내가 가진 돈 욕심에 맞추어 살려고 보습학원에 취직했다. 오전에는 첨삭 아르바이트를 하고 오후에는 초중생 아이들에게 국어를 가르쳤다. 투잡을 하고 있으니 다른 강사들이 시기와 질투를 했다. 누구누구가 네 욕을 하더라고 알려주는 제보가 자꾸 들어왔다. 제보하는 사람조차 반갑지 않았다. 아무도 반갑지 않았고 사람이 싫었다. 애인과는 자주 전화로 다투었다.

피로를 달고 살았다. 운동 부족인가 싶어서 헬스장을 끊었는데, 얼마 다니지 않아서 팔다리에 붉은 반점이 올라왔다. 알러지인가 싶어 피부과에 가서 검사도 받았다. 알러지 유발 물질을 주사기로 찔러넣어 반응을 보는 검사였는데, 등에 바둑판을 그려 찔러넣은 십여 가지 물질에는 모두 음성 반응이 나왔다. 피부과 의사의 견해는 아직 밝혀지지 않은 알러지 물질 반응이거나 실핏줄이 터진 거라고 했다. 실핏줄이 터지다니…… 그것도 팔다리 네 개가 다 터지다니…… 어떻게 그럴 수 있냐고 물었더니 과도한 운동이나 노동으로 그렇게 될 수 있다고 했다. 그 길로 헬스를 그만두었다. 과도한 노동에 운동까지 더했으니 몸이 죽겠다고 난리를 칠 만도 했다.

그러다가 그 공고를 봤다. 오전에 하는 논술 첨삭 아르바이트는 주로 시립도서관에서 했는데, 어느 날 도서관 게시판에서 구인 공고를 보았다. 성폭력·가정폭력 상담소의 구인 공고였다. 자격 획득을 위한 교육부터 시켜주니 초보도 지원 가능하다고 쓰여 있었다. 당장 전화해 보았다. 면접을 봤는데, 예상한 대로 월급이 아주 적었다. 그때까지 벌던 돈에서 반토막도 아니고 3분의 1로 줄어들 정도였다. 그런데도 덜컥 학원 일을 그만두고 상담사가 되기로 했다.

모친 손에서 통장을 빼앗아 왔다. 수입이 줄어든 것을 들키지 않으려고 그랬다. 돈을 향해 달리지 않고 보람 있는 일을 하고 싶었다. 돈보다 중요한 보람을 위해 열심히 일했다. 그때 나는 상담소로 쳐들어온 폭력 남편 앞을 가로막고 "들어오시면 안 됩니다." 하고 버티던 만용의 소유자였다. 숨어 있던 여성을 쉼터로 이동시키려는 소장님을 막아서며 "잠깐만! 느낌이 안 좋아요." 하고 건물 밖으로 나가 동네를 정탐했고, 골목 귀퉁이에 트럭을 대고 잠복 중인 가해자를 발견하고 소장님께 알려주는 '눈치'도 보유하고 있었다. 이 직업에 특화된 인간인 것처럼 느껴질 지경이었다.

그런데 날이 갈수록 처음의 의지가 무너졌다. 내 불타는 의지와 다르게 사람들은 지독히도 바뀌지 않았다. 세상은 나아질 기미가 없었다. 내 앞에서 울며 남편의 흉악함을 호소하던 여자들은 빨래나 반찬 같은 사소한 것을 핑계로 집으로 돌아가 버렸다. 간다는 말도 없이 가는 일도 있었다. 유원지 한가운데에서 알코올 중독인 아버지에게 학대를 당하다가 시민의 112 신고로 구조되어 상담소에 임시보호 조치 된 아이는 주의력집중 장애가 있는 것처럼 보였다. 아기 때 키워줬다는 고모가 데리러 왔지만 그 고모라는 사람은 관계자에게 자초지종을 듣는 와중에도 아이에게 '말 안 들으면 네 아버지에게 보내겠다'고 협박을 일삼았다. 아이의 친모는 경찰의 연락에 난감해했다. 아이의 불안을 만든 어른들은 그들의 불행을 아이 탓으로 돌렸다. 상담소 대표는 내 명의의 월급 통장과 도장까지 가져가서 보관했고, 회계 장부는 절대 보여 주지 않았다.

어느 날 대표는 나에게 시청 직원에게 항의하라고 부추겼다. '할 수 있다'는 법 구문의 표현을 꼬투리 잡아 감사권이 임의법규라고 우겨 보라는 것이었다. 시민의 조세가 보조금으로 들어가는 기관에서 감사를 받지 않겠다니 이해할 수가 없었다. 게다가 그런 항의를 왜 나에게 시키는가? 대표는 위신이 있으니 직접 항의할 수는 없다고 했다. 날이 갈수록 내가 왜 이 일을 하고 있는지 의문만 들었다. 나는 대체 누구를 돕고 있는 거지?

곧 상담사를 그만두고 상경했다. 출판 관련 일을 하기 위해서였다. 서울에서 지역 뉴스를 접했다. 상담소장이 회계 부정으로 입건되었다는 뉴스였다. 나와는 관계없는 남의 일처럼 느껴졌다. 그때는 이미 다른 생업 전선에서 싸우던 중이었다.

'생각 없이 산다'는 나와 관계없는 말인 줄 알았다. 시사 주간지를 구독하고, 페미니즘 웹진을 구독하고, 복지단체와 사회운동 단체에 기부도 하면서 사는데, 이 정도면 '생각 있는 시민'이 아닌가 자부했다. 그런데 소설을 쓰며 깨달았다. 나는 소설가가 되기에는 생각이 부족했다. 소설가의 생각이란 의식 있는 시민의 것과는 결이 조금 달랐다.

"당신 소설에는 이야기가 없어."

이 문장에는 두 가지 의미가 있다. 하나는 '재미가 없다'는 뜻이고, 다른 하나는 '작가가 말하고자 하는 바가 무엇인지 모르겠다'는 뜻이다. 후자를 흔히 '주제'라고들 한다. 당연하게도 또렷한 주제는 주제의식이 확고한 작가에게서 나온다.

먼 훗날, 소설을 쓰려고 덤비면서 내가 살아온 삶을 되돌아보게 되었다. 좋은 일을 하고자 하는 마음은 누구나 가지고 있다. 뜬구름 잡는 선의, 그것은 신념이 아니었고 '의식'조차도 아니었다. 막연한 선의는 막연한 주제 의식을 만들어낼 뿐이었다.

> 우리는 자신과 타인의 은밀한 자아를 꿰뚫어 보고 싶어 하는데, 실제 사람들은 안에서나 밖에서나 가면을 쓰고 있다. 반면 캐릭터는 다르다. 맨얼굴로 들어와 반투명으로 나간다.
> ―로버트 맥키, 『Character:로버트 맥키의 캐릭터』, p.24.

로버트 맥키의 유명한 작법서 시리즈 최신판이 출간되자마자 읽었을 때(그렇다. 나는 작법서가 소설을 잘 쓰게 해주리라 믿지 않지만, 작법서를 여전히 읽으며 살고 있다.) 나는 감탄했다. 내가 어렴풋이 알던 것들이 활자화되어 있었기 때문이다. 사람들이 보고 싶어 하는 허구의 인물들은 세상에 존재하는 실제 인물들이 아니다. 그럴 수가 없고 그럴 필요도 없다.

상담소에서 일할 때 폭력 증거 사진 촬영을 위해 당시에 '똑딱이'라고 불리던 디카를 산 적이 있었다. 그때 두 브랜드를 놓고 고민했다. 니콘은 실제와 가장 유사한 사진을 만들어낸다고 했고, 캐논은 색 보정으로 선명한 사진을 만들어낸다고 했다. 나는 니콘을 샀다. 그랬더니 멍든 피부가 뚜렷이 보이지 않았다. 나는 그것을 '정직함'이라고 생각했다.

십 년도 더 지난 일이었다. 어설픈 정의감에 불탔던 과거의 나를 기억 속에서 불러낸 것은 다음의 문장이었다.

> 인생은 아이가 잠잘 시간을 둘러싼 정치에서 엄마를 이용

하여 아빠를 상대하는 순간부터 시작되는 부패의 과정이다. 부패를 두려워하는 자는 인생도 두려워한다.

(중략)

행동은 집단의 구원을 위한 것이지 한 사람의 개인적 구원을 위한 것이 아니다. 자신의 개인적 양심을 위하여 집단의 이득을 희생시키는 사람은 '개인적 구원'에 대한 남다른 생각을 하고 있는 사람이다. **그는 사람들을 위하여 '부패'될 만큼 그들을 염려하지 않는다.**

—사울 D. 알린스키, 『급진주의자를 위한 규칙』[3]. p.67.

(강조 표기는 원문에 없음)

알린스키의 말에 따르면 나는 사람들을 위해 부패될 만큼 사람들을 사랑하지 않았다. 나는 나 자신의 정직함을 사랑했다. 나 자신을 사랑했다는 말이 아니다. 나의 신념조차 제대로 사랑하지 않았다는 뜻이다. 그 무엇도 제대로 사랑하지 않으면서 도덕으로 자신을 방어하며 사는 사람들을 부르는 말이 있다. '위선자'이다.

'습작생'이었던 내 눈앞에 버티고 서 있던 문, 굳게 닫힌 듯 보였던 그 문에는 이러한 질문이 쓰여 있다. '당신의 프로파간다가 예술이 되고 있는가?' 모든 프로파간다가 예술이라면 서울역 에스컬레이터 앞에서 '예수천국 불신지옥'을 외치는 행위도 예술이어야 한다. 재개발 지역 무너진 담벼락에 그린 해바라기 한 줄기는 프로파간다가 된 그림이지만, 내 일기장의 표지 안쪽에 그린 해바라기는 프로파간다조차 되지 못한 그림이다. 시스템이니 민중이니 타인에 대한 연민이니 하는 것은 모르겠고, 나 자신의 속에서 들끓는 것을 표출하겠다는 사람에게조차(한때의 나였다.) 이 명제는 유효하다. '당신은 당신 자신을 제대로 프로파간다 하고 있는가? 누구도 납득할 수 없는 이야기를 하고 있는 것은 아닌가?'

> 논쟁점들은 사람들 사이에서 소통이 될 수 있어야만 한다. (중략) 그것들은 죄악이나 부도덕처럼, 또는 선한 삶이나 도덕처럼 일반적인 것이어서는 안 된다. 그것들은 **바로** 이 사람들이 고통스럽게 살고 있는 **바로** 이 빈민가 주택과 관련된 **바로** 이 빈민가 주택주인의 **바로** 이러한 부도덕이어야만 한다.
> ─앞의 책. p.156. (강조 표기는 원문의 것)

어떤 책이든 작법서로 읽히던 시기여서 그랬을까? 나는 알린스키의 전술서를 작법서로 읽었다. 위의 문장은 내게 큰 깨달음을 주었다. 일반적인 도덕, 즉 '보편 도덕률'이 소설의 주제가 될 수 없는 것은 구체성이 없기 때문이다. 나보코프[4]의 『롤리타』가 문학이 되는 이유는 일반적인 도덕성을 말하기 때문이 아니라, '특정한' 도덕을 말하기 때문이다.

지금의 나는 똑딱이 카메라를 사던 십 년 전의 나와는 다른 생각을 가지고 있다. 니콘의 색감은 미지근한 '중립'을 의미하고, 캐

논의 색 보정은 폭력 피해자의 멍 자국을 들여다보는 활동가의 '감정'을 재현하는 것이라 생각한다. 그리고 소설가란 후자를 재현하는 사람이지 않나 생각하고 있다. 도덕은 감정과 동전의 앞뒷면처럼 달라붙은 것이다. 철학자들이 덮어놓은 동전의 뒷면을 열심히 들여다보는 것이 소설가의 일일 테지. 물론 감정의 재현에도 이성은 필요하다.

> 조직가가 해야 할 중요한 일 중 하나는 우연히 혹은 충동적 분노 때문에 시작된 행동에 대한 근본적 이유를 즉각적으로 만들어 제공하는 것이다. (중략) 근본적 이유의 확보는 행동에 대해 의미와 목적을 부여한다.
> —앞의 책. p.237.

'조직가'를 '서술자' 즉 내레이터로 바꾸고 '행동'을 '캐릭터의 행동'으로 바꾸어도 하나도 이상하지 않았다. 내 무의식이 자유연상이란 창자를 거쳐 배설해낸 인물과 그 인물의 괴상한 행동에는 납득 가능한 이유가 필요했다. 그래야 내 글이 '똥'으로 남지 않고, 억지 프로파간다를 넘어 예술이 될 것이었다.

그 외에도 『급진주의자를 위한 규칙』의 〈전술〉 챕터(pp.193~237.)에는 사회운동가들이 민중을 선동해 권력으로부터 원하는 협상 결과를 얻어낼 수 있었던 전술의 구체적 적용 사례들을 소개하고 있다. 민중 운동 일화들을 읽으며 나는 배꼽을 잡고 웃어댔다. 자연산 악취탄을 이용한 연주회 공격, 공항 청사의 화장실

연좌 항의, 흑인들의 수박 취식 행진, 백화점의 쇼핑 게릴라 부대 등등은 그 일화 자체만으로도 매우 재미가 있었다. 특히 '연좌 파업용 현관5)' 이야기는 작가들이 빠질 함정에 대한 경고로도 유용하지만, 지면 관계상 생략하겠다.

다음의 전술은 쓰기를 시작하기에 너무 빈손인 듯한 마음일 때 참고하면 좋다.

> "자, 너희는 무엇을 가지고 있느냐?" 나는 물었다. "너희에게 허용되어 있는 일들 중에서 할 수 있는 게 무엇이지?" 그들은 대답했다. "실제로 거의 없지요", "음, 하지만 당신도 알다시피, 껌 씹는 것은 할 수 있을 겁니다." 나는 말했다. "좋아. 껌이 무기가 될 수 있겠다." (중략) "전술이 작동했습니다. 일이 잘되었습니다. 이제 우리가 껌을 씹지 않는다면 어떤 일이라도 할 수 있게 되었습니다."
>
> ―앞의 책. p.216.

내가 가진 것에서 시작해야 한다. 그것이 아무리 보잘것없는 것이라도, 혹은 지금은 보잘것없어 보이더라도, 거기서 시작할 수밖에 없다. 껌을 씹는 일밖에 못 할 때는 껌을 씹는 것으로도 예술을 할 수 있다. 엄청나게 많이, 겁이 날 정도로 열성적으로 씹는다면 말이다. 그것이 일상을 예술로 만드는 전술일지 모른다.

문을 두드리는 것은 어쨌든 주먹이라서

내가 내 일이 잘 안되어 두억시니 같은 모습으로 아이들이나 집안일과 부딪칠 때마다 그는 말했다. 쉿 조용히 하자, 느이 엄마 또 거짓말이 딸리나 보다. 혹은 손수 커피를 타가지고 와서 당신 또 거짓말이 막혔나 보구려 하고 놀리기도 했다. 그러면 나도 슬며시 웃음이 나오면서 그래, 한낱 거짓부리인 것을 하고, 죽자꾸나 덤벼들던 그 참담한 악전고투에서 한 걸음 물러날 여유가 생기곤 했다.

—박완서, 「여덟 개의 모자로 남은 당신」 중에서

23년 8월에 좋은 사람과 함께 선산 곱창집에서 내 사랑 손석구가 광고하는 K맥주를 마신 적이 있다. 아이들 방학이라 꼼짝도 할 수 없던 시기였는데, 귀한 손님이 우리 동네까지 찾아주어서 가능했다. 나는 매우 들떠 있었다. 손석구 포스터 옆에 앉으니 손석구 씨도 동석한 기분이었고, 그런 기분이 된다는 것 자체가 정신이 나갈 정도로 신이 났다는 증거였다. 얼마만의 밤마실이냐, 집 현관을 나서는데 이미 만취한 듯 즐거웠다.

곱창 국물이 자작자작 졸아 들어가자 동석자가 고민을 털어놓았다. 아이를 가지면 세상을 좀 넓게 볼 수 있지 않을까, 그러면 자신이 쓰는 글도 달라지지 않을까, 생각한다고 말이다. 나는 흔쾌히 긍정했다. 세상을 보는 시각이 달라지고말고. 나의 '육아 개

안론'은 거침없이 앞으로 나아갔다. 열변을 토하던 나에게 상대방이 이렇게 물었다.

"그런데…… 아이를 가지면 글 쓸 시간이 없지 않을까요?"

그 순간, 저출산고령사회위원회에서 홍보대사로 위촉이라도 받은 듯이 날뛰던 내 입에 재갈이 물렸다. 듣던 상대방도 놀랄 정도로 급브레이크를 잡은 뒤에 핸들을 꺾었다.

"그건 맞아요. 글쓰기도 현실이니까요."

작가가 되고 나서 주변인에게 '작가라면 이해심이 넓고 생각이 깊어야지 훌륭한 글을 쓴다'는 꾸지람 혹은 훈계를 들은 일이 있다. 이야기의 맥락을 들어보면, 그 이해심 넓고 깊은 생각이란 그저 나를 자기들 입장을 잘 받아주는 순한 양으로 만들기 위함이었으니, 내 성질머리로 훈계를 곱게 들었을 리 없다. '이따위로 나온다면 나는 더 삐뚤어질 테다'로 응수했다.

그 짧은 다툼 후에 하나의 의문이 내 머리에서 떠나지 않았다. 다른 직업군의 사람에게도 그런 식의 가스라이팅을 시도하실까? 어째서 작가라는 직업군에 대해서만은 소경을 눈 뜨게 하고 앉은뱅이를 일으킬 수준의 '인격적 성숙'을 기대하신단 말인가? 만약 구두 장인에게 '이해심이 넓어야 명품 구두를 만든다'는 식의 연설을 한다면 구두장인만 황당해하는 게 아니라 그 자리에 있는 모두가 황당해하지 않을까?

작가가 되려고 습작생에서 헤매며 깨달은 것이 있다. 글쓰기라는 업 또한 다른 업들과 별로 다르지 않다는 점이었다. 이것도 도자기를 빚거나 그림을 그리거나 뜨개질을 하는 것과 마찬가지로 절대적인 시간과 품이 드는 활동이었다. 그런데 내 주변인은 자기들 읽는 속도로 글이 생산된다고 믿는 것 같았다. 뜨개질 작품을 보고서는 한 코 한 코 뜨느라 수고했겠다 짐작하던 사람들도 글만 마주하면 그게 통으로 뚝딱 나온 줄 아는 것이었다. 한 글자 한 글자 수를 놓듯이 써나갔으리라 생각하지 않았다. 그래서 그들은 작가에게 '시간'보다 '정신'이 더 필요하다고 믿는 모양이었다.

그들의 논리는 이러했다.

"도공이 동그란 도자기를 빚으려면 마음이 동그래야지. 모난 마음으로 어떻게 동그란 도자기를 빚겠니?"

그런데 나의 항변은 이러하다.

"동그란 도자기를 빚는 건 일차적으로 손이에요. 마음이 아니라. 아니, 마음만 먹고 있음 도자기가 나와요? 연습을 해야 나오지. 동그랗지 못하게도 빚고, 동그래지려다 만 것도 빚고, 그러다가 끝내 동그란 도자기를 빚는 것 아닌가요? 동그란 마음이 물레를 돌립니까? 발이 돌리지. 까놓고 마음이 안 동그래도 물레 앞에 앉는 시간이 긴 사람이 동그란 도자기를 빚겠죠. 마음이 무슨 상관이래요?"

모든 기예는 근본적으로 시간을 투자한 연습에서 나오는 것이다. 마음을 아름답게 먹는다고 느닷없이 마스터가 되지는 않는다. 그러니 출산과 양육을 통한 정신적 성숙을 '작가적 메리트'로 삼으려는 시도는 매우 위험한 것이었다.

피할 수 없는 진실이 있다. 출산과 양육은 절대적인 시간을 잡아먹는다. 엄마와 엄마 아닌 사람들, 모두에게 24시간이라는 절대적 하루가 주어진다. 민주주의의 1인 1표제와 같은 원리이다. 정치학 박사나 가장이라고 2표를 주지 않는 것처럼 엄마가 되었다고 하루가 36시간이나 48시간으로 늘어나는 게 아니다. 글 쓸 시간을 확보하는 문제는 '정신적 성숙'과 별개로 존재한다.

게다가 이 정신적 성숙이란 문제도 난감하다. 애를 낳았다고 다 성숙한 인간이 된다면 세상에 부모 자식 간의 갈등이란 것이 존재할 이유가 없다. 오히려 인간사에서 가장 흔하게 일어나는 비극들이 '가족 갈등'이며 심각한 갈등은 대개 부모와 자식 사이에서 일어난다. 아이를 돌보며 글 쓸 시간을 쥐어 짜내야 하는 현실은 돌봄 주체의 마음을 더 좁아지게 만들 우려도 있다. 내가 관찰한 바에 의하면, 나보다 나은 처지에 있는 여자들을 향해 적개심을 품고 스스로를 연민하게 만들기 일쑤였다.(관찰 대상은 절대 밝힐 수 없다. 마크 트웨인 옹께서는 인간을 탐구하려면 자기 자신부터…… 아무튼 밝힐 수 없다.)

나는 아이들이 아주 어릴 때, 내가 극심한 ADHD가 되어 버린 게 아닌가 공포에 질린 적이 있다. 독서를 좋아하는 사람이라면, 출산 직후부터 아이들이 서너 살이 되기 전까지 그 전과 완전히 달라진 스스로를 경험하게 된다. 영아라는 존재는 돌봄 주체를 그러한 상태로 몰아붙인다. 고차원적 문화 활동보다 일차원적인 생존 반응에 더 민감하도록 만드는 것이다. 그런 상태가 지속되면 문자 애호가들은 자존감이 추락한다. 다시 말해 아이를 낳는 것만으로 아량이 넓어지는 경험을 하게 되리라 무작정 기대하지 말아야 한다. 추락한 자존감을 끌어안고 아이가 잠든 틈새 시간에 졸린 눈을 치켜뜨며 글을 읽고 쓰는 일은 홍수로 흙탕물이 된 강에서 수영을 하는 것과 같다. 우아한 포즈를 잡는 것은 고사하고 물살에 떠밀려 가지 않기만 해도 용하다.

또 하나의 현실적 문제가 있다. 글 쓸 시간이 단순히 '시간'의 문제라면 해결할 수 있는 방법이 무궁무진하다. 예를 들면 변기에 앉아서도 생각은 할 수 있고 손가락은 움직일 수 있다. 된장 밑국물로 멸치 육수를 우릴 때도 생각은 할 수 있다. 죽이 눌어붙지 않게 젓는 동안에도 생각은 할 수 있다. 보육기관이나 학교로 아이를 데리러 가는 동안에도 생각은 할 수 있고, 휴대폰에 메모도 할 수 있다. 아이가 수족구에 걸려서 칭얼대도 언젠가는 잠든다. 그 10분이나 20분 동안 당신은 뭐든 할 수 있다. 이론적으로는 그렇다.

선대의 여성 작가 중에는 아이를 줄줄이 낳고도 훌륭한 업적을 이룬 분들이 많다. 한국인으로는 대표적으로 박완서 선생님이 계신다. 따님이신 호원숙 수필가의 증언에 따르면 박완서 선생님은 석유 곤로 위에 카스테라 반죽을 올려놓고 익기를 기다리는 동안에 원고를 쓰셨다고 한다. 도리스 레싱, 어슐러 르 귄 등의 많은 여성 작가들이 부엌일을 하는 틈틈이 식탁에 앉아 글을 썼다.

선대의 훌륭한 사례들을 참고하여 나도 집 안에 작업공간을 꾸몄다. 방 하나의 삼 면에 책장을 두르고 책상도 번듯하게 꾸몄다. 지면 관계상 이 실험의 결과만 말씀드리겠다. 세상에는 불가능을 가능으로 만드는 분들이 존재하지만, 무작정 그분들을 따라 하다가는 가랑이가 찢어지기 십상이다.

집중을 좀 하려고만 하면 '엄마아~'하고 불러대는 아이들 때문에 분노의 고함을 지르게 되거나, 아이들 준비물이나 행사 등의 할 일을 자주 놓치고 망연자실했다. 나의 뇌에는 소설 구상을 진행 시키는 부분과 학교 알리미 앱을 체크하고 아이들 일을 챙기는 부분이 따로 존재하지 않았다. 하나에 집중하면 하나는 망각 속에 잠겼다. 집을 작업공간으로 만들었더니, 어느 하나도 제대로 못 하는 얼간이 하나가 우두커니 앉아 있었다.

결과적으로 '위인 흉내 내기 프로젝트'는 실패했다. 우리 집 서재는 지금 기능적으로 창고와 차별점이 전혀 없다. 문을 열고 들어서면 가장 가까이 있는 것은 책상이 아니다. 접이식 실내자전거, 다리미판, 중고로 사서 남아도는 의자, 그 위에 놓인 향수와 향초, 비누 만들기 세트들이 나를 반긴다. 그 뒤에 내 책상이 토굴의 선승처럼 숨어 있다.

'시간'의 문제에는 '공간'의 문제가 겹쳐 있었다. 아이들과 부대끼며 시간을 짜내는 게 아니라, 아이들을 돌보는 일이 다른 주체에 의해 진행되고 있을 때(보육기관이나 학교 등), 나는 그 일과 분리된 '공간'에 가서 '시간'을 내어야 한다는 사실을 깨달았다. 아닌 분도 있겠지만 내 경우에는 그게 최선이었다.

나는 이 글을 스터디카페에서 쓰고 있다. 한 달 정기권을 끊어 쓰는데, 시간당 1,340원 정도의 요금을 내고 작업공간을 빌려 쓰고 있는 셈이다. 무료라는 점에 끌려 도서관을 잠시 이용한 적도 있었지만 곧 그만두었다. 거기는 책이 너무 많았다. 조금 쓰고 글이 막힐 때마다 서가를 헤매고 있는 자신을 발견했다.

나의 당면한 문제는 내 마음을 동그랗게 만드는 게 아니라 스터디카페에 나갈 시간을 마련하는 일이다. 남편의 직업이 특수해서 밤이고 낮이고 집에 안 들어오는 날이 이어지면 아까운 정기권 시간을 다 못 쓰고 유효기간이 도래했다. 이번 여름방학에는 수해와 코로나 재유행 등으로 혼자 아이들을 건사하는 날들이 많았다. 내 휴대폰의 스터디카페 앱 이용 시간은 줄어들 줄을 모르고, 내 마음만 졸아들어 갔다.

나는 못 하는 게 참 많다. 한 직장에 오래 다니지도 못하고, 정리 정돈도 개판이고, 자두도 못 따고, 달리기도 못 하고, 송아지 노래를 부르면서 개나리 가사도 못 쓰고, 혀로 팔꿈치도 못 핥는다. 더 있겠지만, 별로 애면글면 살지 않아서 자각도 못 하겠다. 애초에 애 터지게 열심히 살았다면 대학도 더 좋은 곳에 갔을 거고, 첫사랑과 결혼하지도 않았을 텐데, 일이 흘러가는 대로 허허실실 살다가 이제 와서 왜 이러는 걸까? 잘해야 한다고 자책에 휩싸이는 일은 단 두 가지뿐이다. 글 쓰는 일과 아이들을 돌보는 일. 그 두 가지는 어째서 서로 등진 것처럼 느껴지는 것일까? 하나에 힘쓰면 다른 하나는 무너지고 있는 것처럼 느껴진다.

지난 주말에는 방학이 거의 끝나가는데, 작년 겨울 방학 때 쓰던 한자책이 반이나 백지로 남아있다는 걸 뒤늦게 알았다.

"아들아. 아무리 방학이 얼마 안 남았지만, 할 것은 해야지. 내일부터 한자를 공부하도록 하자."

두 녀석이 야유를 보내고 우거지상이 되었다. 분위기를 밝게 만들기 위해 한석봉 어머니 흉내를 내 보았다.

"나는 떡을 썰 테니, 너희들은 글을 쓰거라."

큰아들이 눈을 동그랗게 뜨고 나를 보았다.

"아니지이~. 글은 엄마가 써야지."

아, 그렇구나. 글은 내가 써야 하는구나. 별안간 마음이 흐뭇해졌다. 늘 어릴 줄만 알았는데, 아이들은 이렇게 자라고 있었다. 박완서 선생님도 어느 인터뷰에서 왜 마흔에야 글을 쓰기 시작했냐는 물음에 그때 막내가 유치원에 갔다고 답했다던가.

애들은 큰다. 애들은 커서 엄마 품에서 멀어지고 결국 떠난다. 언젠가는 엄마 노릇과 글쓰기 중에 어느 것이 무거운가 달아보는 일도 끝날 것이다. 천칭 저울의 한쪽에 앉은 새들은 자라서 날아가 버리고, 나와 문학만이 남아서 어린 새가 균형을 흔들던 날을 추억할지도 모른다.

'그런데 있잖아. 어린 석봉이도 집을 떠나 글을 썼잖니. 당분간은 엄마도 집에서 글을 쓰진 않을 거 같아. 원고청탁이 마구 쏟아진다면 또 모를까.'

이제 이 글을 마무리해야겠다. 마무리로 쓰면 딱 좋을 문장이 있다.

> 너때매 고생깨나 했지만 너 아니었으면 내 인생 공허했다.
> 요렇게 좀 전해 주세요.
> —영화 〈헤어질 결심〉 Scene No.64. '산오'의 대사

나를 고생시켰지만, 없었으면 내 인생 공허했을 것들에 대해 생각한다. 나의 아이들, 그리고 문학. 글 쓰는 마음이 되려고 아이를 낳은 적 없고, 아이를 낳은 것으로 글을 잘 쓰게 되지도 않았다. 아직까지 내 삶에서 둘은 물과 기름같이 따로 논다. 그렇지만 뭐, 언젠가는 화해하겠지. 아이는 크고 글 쓰는 일에도 이골이라는 게 날 테니. 고생이야 뭐, 그들이 없었다고 안 했을까. 사주를 봐도 고생한 만큼만 정직하게 거둘 팔자라던데. 다른 일로 고생하느니 이편이 훨씬 행복하다. 조급해하지 않고 나만의 속도로 꾸준히 문을 두드려야지.

문을 두드리는 건 주먹이지만, 주먹 쥐는 일을 멈추지 않으려면 마음도 필요할 것이다. 그 마음이 아직 동그랗지 않더라도, 전혀 동그랄 생각이 없더라도, 일단 주먹을 동그랗게 말아쥐고 문을 두드려 본다. 다른 손으로는 내 아이들의 손을 잡은 채로.

| 인용한 책들 |

나쓰메 소세키, 송태욱 옮김, 『문』, 현암사, 2015. 전자책.

로버트 맥키, 고영범·이승민 옮김, 『STORY:시나리오 어떻게 쓸 것인가』, 민음인, 2019. 전자책.

로버트 맥키, 이승민 옮김, 『Character:로버트 맥키의 캐릭터』, 민음인, 2023.

리처드 로티, 김동식·이유선 옮김, 『우연성, 아이러니, 연대』, 사월의 책, 2020.

박완서, 「여덟 개의 모자로 남은 당신」, 『복원되지 못한 것들을 위하여』, 문학과지성사, 2020.

사울 D. 알린스키, 박순성·박지우 옮김, 『급진주의자를 위한 규칙』, 아르케, 2008.

정서경·박찬욱, 『헤어질 결심 각본집』, 을유문화사, 2022.

조지 오웰, 조지 패커 엮음, 하윤숙 옮김, 『모든 예술은 프로파간다다』, 이론과실천, 2014.

존 가드너, 황유원 옮김, 『소설의 기술』, 문학동네, 2018. 전자책.

최승자, 『한 게으른 시인의 이야기』, 난다, 2022. 기유빅(1985) 재인용.

키스 존스톤, 이민아 옮김, 『즉흥연기』, 지호, 2000.

| 주석 |

1) 박준 시인의 수필집 제목을 패러디한 것이다. 어디서 본 듯한 느낌이라면 당신이 옳다. 박준, 『운다고 달라지는 일은 아무것도 없겠지만』, 난다, 2017.

2) 〈코뮌1〉은 독일 68혁명 당시에 관습적인 성에 저항하며 아파트에 공동체를 꾸려 자유롭고 개방된 성을 실험했던 성 해방 이데올로기 집단의 이름이다.

3) '현실적 급진주의자를 위한 실천적 입문서'라는 부제가 붙은 이 책은 미국의 전설적인 급진 좌파 사회운동가인 사울 D. 알린스키가 저술한 것이다. 부제를 보면 알겠지만, 전술가와 조직가들에게 원론적 이데올로기가 아닌 현장을 알려주기 위해 저술된 것이다. 알린스키는 한때 힐러리 클린턴이 석사 논문의 주제로 쓴 인물이라 유명세를 탔고, 버락 오바마의 스승으로도 유명했다. 나는 이 책을 율리아 에브너의 『한낮의 어둠』을 통해서 알게 되었다. 『한낮의 어둠』은 율리아 에브너가 목숨을 걸고 극단주의자 단체에 잠입해 쓴 책인데, 그 책에 따르면 극우 성향의 극단주의자들도 『급진주의자를 위한 규칙』을 자기들 진영의 전술가 훈련용으로 쓰고 있었다. 세상에나! 적도 인정하고 적마저 사용하는 서적이라니! 고전이란 그런 것이 아닌가? 당장 책을 주문했다. 그리하여 나는 내 인생의 '작법서'를 만났다.

4) 신실용주의 철학에서는 사회구성원으로서의 자질 함양을 문학의 목적으로 보기도 한다. 리처드 로티는 『우연성, 아이러니, 연대』에서 인간의 잔인성을 교화하는 두 가지 방식으로 나보코프와 조지 오웰을 들고 있다. 조지 오웰로 대표되는 방식, 사회적 관행과 제도가 개인에게 미치는 영향을 시의적절하게 다루는 방식만이 프로파간다가 되는 것은 아

니다. 미학적이고 섬세한 방식으로 개인의 특이성을 촘촘히 다루는 나보코프도 프로파간다가 될 수 있다. 신실용주의적 문예 비평 시각에 전적으로 동의하지는 않지만, 나보코프류의 문학도 일종의 프로파간다라는 시각에 나는 동의하는 편이다.

5) 연좌 파업용 현관 일화는 로버트 맥키가 "예상과 반응 사이의 간극을 벌려놓는 일", 즉 작가들의 "본능적인 변증법적 사고 구조"라고 주장한 내용과 맥이 닿아 있으니 '작법'을 연구하고 싶은 분은 로버트 맥키의 『스토리』를 참고하기 바란다. 작법 따윈 모르겠고 그게 무슨 이야기인가 호기심이 뻗치는 분들만 『급진주의자를 위한 규칙』 p.236을 읽어 보시라.

| 작가의 말 |

 '쓰기'에 대한 초보 작가의 마음을 담은 이 에세이는 지금의 나와 비슷한 처지의 사람들을 독자로 가정하고 쓰기 시작했다. 뭐라도 써보려고 꿈틀대기 시작한 사람들 말이다. 그러나 에세이를 써 가는 동안, 먼 훗날의 내가 이 글을 읽을 것을 상상하게 되었다. 그때는 부질없는 고민들을 참 무겁게도 했었구나, 그렇게 생각하겠지만 웃을 것이다. 미숙함과 진지함을 동시에 지닌 존재들은 마음을 간질거리게 하니까. 문해교실의 할머니들이나 종이접기를 하는 유치원생들이 그렇듯이.
 어쩌면 이 글을 읽는 원로 작가분들 중에도 미래의 나처럼 웃는 분이 계실지 모른다. 누구든 조금이라도 미소 짓게 했으면 좋겠다.

 에세이란, 쓰다가 느닷없이 부끄러움이 밀려드는 글이다. 이 글 속에 있는 사람이 정말 나인가? 이건 누군가? 그러다가 얼굴이 빨개지고 만다. 사실을 쓰려고 했는데 어떤 식으로 써도 사실을 사실대로만 쓸 수는 없다는 사실을 발견한다고나 할까.

 소설이라는 거짓말이 막힐 때는 에세이를 쓰는 것도 좋다. 사실만 쓰려고 끙끙대다 보면 다시 소설을 쓰고 싶어지니까.

서애라
2022 현진건 신인문학상 당선
웹북 『엄마의 이름은 반다』 『당신이 잠든 동안』 『운다고 문이 열리는 것은 아니지만』 출간

사랑이 망하고 남은 것들

이 밤

울던 아이는 자라서

세상에는 두 종류의 아이가 있다. 웃는 아이와 우는 아이. 나는 후자였다. 시도 때도 없이 발작하듯 울부짖어 엄마를 환장하게 했다. 그녀는 오매불망 딸을 원했다. 밤낮없이 우는 나를 보며 아무도 모르게 내다 버리고 싶었을지도 모른다.

"말도 못 하는 게 어찌나 울어대던지."
"말을 못 하니까 울지."
"왜 그렇게 울었을까."
"태어난 게 서러웠나 보지."

뜻 없이 내뱉은 말인데 꺼내놓고 보니 그럴듯했다. 그러니까 자궁을 찢고 나오는 순간 모든 아이는 운다. 기어이 인간으로 태어난 것이다. 그러고 보면 모든 삶이 울음으로 시작된다는 건 도리 없는 생에 관한 지독한 은유 같다. 혹은 예고인지도.

울던 아이는 우는 어른으로 자랐다. 서른이 되던 해, 한 박수무당은 방 안에 들어서는 나를 보자마자 외쳤다.

"한평생 울음이로구나."

마치 생애 전체를 관통하는 계시라도 된다는 듯. 응답을 이렇게도 받는구나 싶었다.

나는 여전히 울보다. 슬픔에 쉽게 감응하고 마음은 곧잘 허물어진다. 흘린 눈물이 다 돈이라면 억만장자가 됐을지도 모른다. 그러나 눈물은 돈이 될 수 없지. 까마득한 어린 시절에 그랬듯 장난감이나 사탕이 되어 돌아오지도 않는다. 최근 인터넷 커뮤니티에서 '현실적인 유치원 급훈'이라는 제목의 게시물을 봤다. 클릭해 보니 '울지 말자'라는 문구가 궁서체로 적혀 있었다. 내 나이 서른넷. 삼십 년이 지난 지금까지도 그 명령문이 유효할 줄 몰랐다.

이쯤 되니 '자랐다'는 게 맞는 표현인가 싶다. 일단 다 자란 것치곤 팔다리가 너무 짧은 거 아닌가. 최근에는 "갈수록 퇴행하는구나"라는 말을 듣기도 했다. 다정한 말투였다. 하마터면 칭찬으로 오해할 뻔했다. 집에 돌아와 위키백과 검색창에 '유아 퇴행'을 입력했다.

> 충동을 충족시킬 수 없어 자아가 위기에 처할 때 심리적으로 이전 성장단계로 되돌아가 정신적 평안을 얻는 상태. 책임감과 사회화에 대한 거부는 반동형성, 부적절한 일반화, 상습적인 거짓말의 형태로 나타난다……

미간을 좁히고 정독했다. '과도하게 음식을 먹거나 담배를 피우거나 공격적인 언행을 한다'는 대목이 특히 눈에 띄었다. 다양한 증상을 종합해 본 결과 '구강 단계'에 갇혀있다는 자가 진단을 내릴 수 있었다. 숱한 울음은 구강기 고착에 의한 우울증의 산물인가. 과연 프로이트는 훌륭했다.

 몸도 마음도 덜 자란 어른이 의탁할 수 있는 곳은 많지 않다. 종교는 가져본 일 없다. 아마 앞으로도 없을 것이다. 갓 스물이 되었을 무렵엔 길에서 자주 불려 세워졌다. '도를 아십니까' 같은 걸 묻는 인간들이었다. 당시 나는 재수생이었고, 온몸에 갑옷처럼 패배감을 두르고 다녔다. 그들에겐 좋은 과녁이었을 것이다. 그 양반들은 하나같이 조상이며 제사 타령을 했다. 제사는 정성이고 정성은 곧 돈이랬다. 기가 막혔다. 가난은 대물림 아닌가. 없이 살게 만들어 놓고 돈 들여 구첩 반상을 차리라니. 그게 조상인가. 나 같으면 미안해서 꿈에 나와 숫자라도 불러줬겠다.

 그때부터였다. 조상이고 신이고, 죄다 어깃장을 놓고 싶어졌다. 독실한 크리스천들과도 자주 싸웠다.

 "니들은 일주일 내내 못된 짓하고 주일에 교회 가서 눈 감고 손 모으면 오케이지?"

 훈련병 시절에는 까까머리를 한 채 더 맛 좋은 간식을 쫓았다.

 "오늘 천주교 롯데리아 준대."

 교회와 법당과 성당을 한 번씩 공평하게 드나들었다. 어쩌면 그때부터였을까. 하나님도 부처님도 성모 마리아도 전부 나를 배척하기로 마음먹은 게. 살다가 모든 신에게 버림받은 것처럼 느껴질 때면 귀신을 찾았다.

마지막으로 샤먼의 방문을 두드린 건 지난여름이었다. 난데없는 코비드 양성 판정으로 자가 격리 상태에 놓여 있던 차였다.

"인생이 영 안 풀리네. 점이라도 볼까 봐."

"얼마 전에 본 데 있는데, 알려줘요?"

"당장 내놔."

카톡으로 사주를 봐주는 분이라 했다.

"진짜 용해요. 얼굴도 안 보고 척척 맞추니까 더 신기하더라고요."

L에게 링크를 받은 다음 날 부리나케 상담 요청을 했다. 모바일 뱅킹으로 복채를 전송한 뒤 생년월일시를 넘겼다.

―사주 확인되었습니다. 정리하여 보겠습니다.

남들보다 고통이 많으며 사고수 및 힘든 일이 왕왕 보인다 했다. 역마살이 좀 있어 삼십 대에는 이곳저곳 많이 돌아다니실 거고. 혈압과 당뇨 질환에 유의하셔야 하며 빨간색과 노란색을 가까이하면 좋으시고. 베란다에 모래를 깔아 두거나 집터를 산 주변으로 잡는 것을 고려해보시고. 연애 상대를 보는 눈은 영 없으신 편이니 사람을 만날 때 반드시 유념하셔야 하고……

말풍선을 가만 보는데 영 감질났다. 내가 바란 건 수정 구슬로 본 정확한 미래였다. 그러니까 이곳부터 죽음까지 뻗어 있을 나의 연대기를 수직선 위에 명쾌하게 그려주는 것. 도사님, 제 인생의 청사진을 보여주시겠어요? 거기까지 생각하자 헛웃음이 났다. 어디 가당키나 한 일인가. 이어지는 점괘 역시 신당을 쏘다니며 족히 스무 번은 더 들었던 이야기의 변주였다. 어쩐지 더 갑갑해졌다.

—더 궁금한 사안이나 특별한 사연 있으시면 말씀해 주세요.

나는 승부수를 던져보기로 했다.

—제가 최근에 한 공모전에 당선이 돼서 소설을 쓰게 됐거든요. 이게 저한테 얼마나 잘 맞고 또 잘할 수 있을지……

억겁 같은 7분이 흘렀다. 장문의 답변이 도착했고, 요약하자면 이랬다.

—예술가로 아주 큰 성과를 이루시겠어요. 36세 이후에 큰 빛을 볼 거로 기대해 봅니다.

빛이라. 깜빡거리던 마음에 그제야 불이 좀 켜진 것 같았다. 이제야 돈값을 하는군. 그가 내 사주팔자의 어느 행간에서 '성공한 예술가'라는 대목을 읽어냈는지 모른다. 어쩌면 오독인지도 모르지. 한 친구는 이렇게 묻기도 했다. "그냥 네가 듣고 싶은 말만 들은 거 아냐?" 맞는 말이었으나 중요치 않았다. 중요한 건 믿음이다. 요한계시록 1장 3절. 이 예언의 말씀을 읽는 자와 듣는 자와 그 가운데에 기록한 것을 지키는 자는 복이 있나니.

서른여섯이 머지않았다. 어쩌면 울던 아이는 자라서 대성한 예술가가 될지도 모른다. 태어난 게 서러워 서른 해가 넘도록 징징대다 보면, 생면부지의 인간이 점쳐 준 근거 없는 낙관에 매달려 보고 싶어지기도 한다. 막막한 인생에 누구나 미덥게 품어볼 부적 하나쯤은 있어야 하는 법이니까. 혹시 아나. 의외로 튼튼한 동아줄일 수도 있다.

이방인의 기분으로

"고향이 어디예요?"

살다 보면 의외로 많이 듣는 질문이다.

"여수요."

"오, 여수 밤바다."

여행깨나 다녀본 인간이라면 그때부터 여수의 관광지와 맛집과 호텔 등을 삼백 개쯤 읊어대기 시작한다. 그런 뒤엔 간식을 기다리는 개처럼 눈을 빛낸다. 나의 반응을 기대하는 것이다.

"태어나긴 했는데, 오래 살진 않아서요."

"얼마나요?"

손가락을 접어야 한다. 태어나 네 살 때까지 4년, 다시 일곱 살 때부터 3년, 다시 5학년 때부터 한 3년쯤……

"어릴 때 10년 정도요." 어쩐지 변명하듯 덧붙이게 된다. "이사를 많이 다녀서."

"그럼 어디서 오래 사셨는데요?"

"…… 제주도요."

"오, 한라봉."

그러면 그는 아까보다 더 열광적인 태도로 제주도의 '핫 스팟'을 오백 개쯤 나열한다. 여행과 모험을 즐기는 사람들의 에너지는 그 자체로 동경할 만하다. 내가 하는 여행이라곤 기껏해야 방구석에 들어앉아 심연을 헤매는 일뿐. 일종의 반작용인지도 모른다. 어릴 적부터 너무 많은 곳을 옮겨 다녔다.

유년기와 초등 고학년 시절까진 잦은 이사를 겪었다. 새로운 집 주소가 겨우 입에 붙었을 즈음 짐을 싸는 일도 더러 있었다. 가파른 성장 가도를 달리던 아버지의 사업 때문이었다, 고 말하면 좋겠지만 실은 정반대였다.

"엄마, 나 어릴 때 이사를 왜 그렇게 다녔어?"

"돈이 없어서."

가난은 방의 크기를 좁히고 개수를 줄였다. 방 세 개짜리 주공아파트에서 가게 안 쪽방으로 세간을 옮기게 되었을 때 나는 고작 아홉 살이었다. 그때 빼앗긴 건 내 방뿐만이 아니라 어떤 존엄성 같은 거였다. 티 내지 않으려 애썼다. 의젓한 어린이 흉내를 내느라 한 시절이 대충 베껴 쓰듯 지나갔다.

드라마 〈동백꽃 필 무렵〉에서 가난한 미혼모의 아들 필구는 너무 일찍 철이 든다. 야구부 전원이 참가하는 중국 전지훈련을 포기한다. "48만 원이면 두루치기를 거의 48개 안 팔아도 돼요." 그때 내 엄마는 한 판에 삼천 원짜리 만두를 팔았다. 종일 선 채로 밀가루를 날리며 소를 넣고 만두를 빚었다.

가난에 쫓기던 4인 가족은 기어이 시골로 내몰리게 되었다. 전형적인 서사였다. 초등학교 시절 몇 년간은 어딜 가도 빼다 박은 듯한 촌구석을 전전했다. 논과 밭이 끝없이 펼쳐지는 풍경. 주소에 읍, 면, 리가 들어가는 곳들.

내 아버지로 말하자면 그 모든 전국 일주 대장정의 장본인이었으나 그걸 미안해할 만큼의 양심은 못 가진 인물이었다. 가장의 권위를 힘의 논리와 동일시하던 노가다 꾼. 엄마가 맹렬하게 가사의 끈을 조이면 그는 그걸 다시 느슨하게 풀어헤치곤 했다. 살림살이를 널브러뜨리는 일은 덤이었다. 신발 끈이 풀린 채로 뛸 수는 없었으므로 빈곤은 늘 우릴 앞질렀다. 어린 시절의 나는 시커먼 얼굴을 불콰하게 붉히고 다니던 아버지와 그의 동료들을 별 수 없는 놈팽이로 간주했다. 때에 전 당신의 작업복을 긍지로 여기진 못해도 쪽팔려 하진 말았어야 했을까. 깨달음은 늘 몇 발짝 늦게 온다.

소심하고 내성적인 데다 예민하기까지 한 아이가 전학생이 되어야 하는 일은 거의 재앙에 가깝다. 그것도 여러 번씩이나. 매번 적당하고 무람없는 환대를 받았으나 거기까지였다. 아이들의 생태계는 생각보다 견고했다. 딱 배제당하지 않을 정도의 틈바구니에만 낄 수 있었다. 나는 그 영역을 확장할 만큼 매력 있는 아이는 못 됐다.

언제나 이방인의 기분으로 겉도는 동안 눈치가 빨해졌다. 무시당하지 않으려면 자신 있게 내보일 패 하나는 있어야겠구나. 성적만큼은 뒤지지 않아야 했다. 일종의 생존 본능이었다. 전학생이 1등 했대. 그런 말을 들으면 엄마가 제일 먼저 면이 섰다. 장래 희망을 적는 칸에 '사'자 직업을 자신 있게 써내던 시절이었다. 엄마는 개천에서 용이라도 날 줄 알았을 거다. 집안을 일으켜 세웠어야 할 장남이 가난한 예술가 지망생이 될 줄은 꿈에도 모르시고.

없는 형편에도 책값은 안 아끼던 당신 덕이다. 초등학교 때부터 세계문학 전집을 섭렵하고 일기에다가는 소설을 써서 연재했다. 담임 선생님은 내 최초의 독자였다.

"다음 화가 너무 기대되는구나."

놀랍게도 기대해 준 건 그녀뿐이었다. 엄마는 일기장에다 쓸데없는 짓 좀 그만두라 했다. 그러자 소설을 쓸 데가 없어졌다(그때 못한 짓을 지금 하고 있다).

무람없는 환대 바깥에는 무자비한 냉대도 있었다.

"저 새끼 존나 잘난 척해."

백 점짜리 시험지는 교실 바깥에선 힘을 못 썼다. 조그맣고 약한 소년은 먹잇감이 되거나 꼬붕이 되기에 십상이다. 나는 피식자 쪽이었다. 하굣길에 내 머리에 우유를 붓고 지나가던 동급생이 시작이었다. 얼마간 심한 괴롭힘을 당했다. 조모의 손에서 자란 덩치 큰 태권도부 아이. 안쪽의 무언가가 부서지고 망가지는 감각을 떨쳐내기 위해 가해자의 서사를 이해하려는 알량한 노력을 했다. 가혹한 자기기만이었다.

그러던 어느 날 거짓말처럼 폭력이 멎었다. 타겟을 바꾼 건가? 진짜 이야기는 따로 있었다. 엄마가 그 아이를 집에 데려와 밥을 해 먹였다는 사실을 뒤늦게 알았을 땐 정말로 무언가가 산산조각나는 기분이었다. 아들을 괴롭히던 아이를 집에 초대해 식사를 차려준 엄마의 마음은 어떤 것이었을지.

오래전 어느 날의 술자리에서 누군가 농담 삼아 물은 적 있다.

"너 학교 다닐 때 맞고 다녔지?"

"진짜면 어쩌려고 그런 걸 물어?"

웃으면서 받아쳤지만 뭔가를 헤집는 것 같던 감각이 남아있다. 유재영 작가의 「진술인」에는 다음과 같은 주인공의 독백이 나온다.

> 어떤 일은 평생토록 끝나지 않기 때문이겠지요. (……) 오래도록 그 기분은 지속되었습니다. (유재영, 「진술인」, 《문장웹진》 2018년 05월호)

악보는 볼 줄 아냐

때는 2007년 겨울. 고3을 목전에 두고 있던 나는 일생일대의 결정을 (내 멋대로) 내렸다. 엄마는 설거지를 하고 있었다.
"엄마에겐 두 가지 선택지가 있어."
"말해."
"하나, 나를 자퇴시킨다."
"……"
"둘, 음악을 시킨다."
"망나니 새끼."
접시를 든 손이 파르르 떨리는 것을 보며 우선 일 보 후퇴했다. 당시 나는 평균적인 대한민국 고등학생과는 아주 거리가 먼 삶을 살고 있었고, 그걸 한마디로 정리하면 '망나니'였다. 늦게 배운 도둑이 날 새는 줄 모른다는 옛 어른들의 말은 옳았다. 나는 뒤늦게 내 앞에 굴러온 반항의 열매를 달게 맛보고 있었다. 그 무렵의 루틴은 다음과 같았다.

1. 출근길의 아버지가 나를 교문 앞에 내려준다
2. 아버지의 트럭이 시야에서 사라진다
3. 몸을 돌려 집으로 되돌아간다

아무도 없는 빈집에서 나는 온종일 영화를 보거나 책을 읽었다. 시간은 무한했다. 볼거리는 보다 죽을 만큼 많았다. 왕가위와 이누도 잇신, 미셀 공드리와 박찬욱의 필모그래피를 사랑하게 되었다. 온다 리쿠와 미야베 미유키, 요시다 슈이치와 무라카미 류를 외울 정도로 읽었다. 공교육을 개똥만큼이나 우습게 알았던 수많은 아티스트에게 경도됐다. 과잉된 자의식에 젖은 채로 '나도 학교 따위 집어치우고 예술을 할 거야'라고 다짐했다. 무단결석을 발각당한 것은 머지않아서였다. "이대로라면 수업 일수가 모자랄 것"이라는 담임의 전언에 엄마는 뒷목을 잡았다.

"어릴 땐 반항 한 번 않더니, 인제 와서 대체 왜 이래."

엄마, 안 한 게 아니라 못한 거야. 그녀는 그악스러운 여자였다. 어릴 적엔 학습지를 한 장만 밀려도 집안이 뒤집혔다. 팬티 바람으로 질질 짜며 집 앞에 서 있는 나를 구몬 선생님이 데리고 들어온 적도 있었다. 엄마는 거의 염불을 외듯 말했다.

"아파도 조퇴는 없어. 죽어도 공부하다 죽어."

그런 협박은 솜털이 보송보송할 때나 가능했다.

늦게 도착한 사춘기는 더 많은 번민과 반항의 씨앗을 품고 왔다. 착한 아이 콤플렉스에서 벗어나야 할 때였다. 유사 이래 부모로부터 정서적 독립을 못 한 종자들이 얼마나 끔찍한 결말을 맞이해왔던가. 끝내 벌레가 된 그레고리 잠자처럼 사느니 홀든 콜필드 같은 개망나니가 되는 게 나았다. 아무려나 이유를 모르는 엄마만 길길이 날뛰었다.
"대체 왜 이러냐고."
이유는 심플했다. 그냥, 공부 못하겠어.
O고는 명문대 진학률이 높은 사립고였다. 고입선발고사를 치르고 성적순으로 인문계에 가던 시절이었다. 졸업생 대표로 학업우수상을 받으며 중학교를 졸업한 나는 온갖 학교에서 몰려드는 러브콜을 제치고 그곳을 택했다. 다름 아닌 기숙사 때문이었다.
로망이 있었다. 불타는 학구열을 다지며 끈끈해지는 학우들과의 동료애, 앞에서 끌어주고 뒤에서 밀어주는 친절한 선배들, 엄마처럼 때로는 아빠처럼 나를 보듬어주는 사감 선생님. 청춘 드라마를 너무 본 거지.
개꿈에서 깨어나는 데엔 그리 오래 걸리지 않았다. 같은 중학교에서 올라왔거나 학원에서 만났다던 아이들은 이미 저들끼리 삼삼오오 짝을 이루고 있었다. 서쪽 학군에서 홀로 진학한 나는 또 이방인 신세였다. 선배들 대부분은 개자식이거나 위선자였고, 사감은 돈독이 바짝 오른 날건달이었다.
더 큰 문제는 따로 있었다. 난생처음 접하는 고등 교과 과정을 도저히 따라갈 수 없었다. 밤새워 〈수학의 정석〉을 읽어도 문제가 풀리지 않았다. 고전 시가는 나의 한국 국적을 의심케 했다. 수식어가 덕지덕지 붙은 긴 영어 문장은 단어의 나열로만 보였다.

이거 충격인걸. 이제껏 영재 소릴 들으며 자라왔는데. 학교 대표로 뽑혀서 지역 방송 퀴즈 쇼에도 출연한 이력이 있는데. 어쩌면 사실 나는 돌대가리였던 게 아닐까? 자괴감을 가지고 주변을 돌아보면 머리를 박박 민 열일곱 살짜리들이 수능 기출 문제를 척척 풀고 있었다. 일체의 사교육 없이 1등을 도맡아 했던 나는 선행 학습의 중요성을 몰랐다. 엄마도 마찬가지였다. 그녀는 그때의 일을 두고두고 미안해한다.

"엄마도 처음이라 몰랐어. 다시 낳으면 정말 잘 키울 텐데."
"엄마."
"응."
"난 다시 안 태어나고 싶어."

학습의 격차는 걷잡을 수 없이 벌어졌다. 당연한 일이었다. 드라마 〈안나〉에는 이런 대사가 나온다.

"똑똑하다는 말 듣고 자란 애들은 자기가 쓸모없어졌다는 생각에 몹시 취약해요."

내 쓸모는 전 과목 1등급이 찍힌 성적표여야 했다. 나는 채 반년도 못 되어서 기숙사에서 뛰쳐나왔다. 쫓겨나기 전에 발을 뺀 셈이었다. 학기가 끝난 뒤 전교 30등 밖으로 밀려난 학생들은 짐을 싸야 했으므로. 예나 지금이나 나는 지독한 회피형 인간이다. 돌이켜보면 그 또한 자기 불구화 전략에 불과했다.

등교 거부를 제지당한 후로 나는 몹시 침울해졌다. 엄마는 한 번만 더 학교를 빠지거든 "너 죽고 나 죽는 줄" 알라 했다. 나만 죽이지 엄마는 왜 죽나. 교실에 앉아는 있었으나…… 앉아만 있었다. 수학 시간엔 해리 포터를 읽다가 얻어맞았다. 야자시간엔 시나리오를 쓰다 쥐어 터졌다. 공부는 죽기보다 하기 싫었다. 교과서를 합법적으로 등한시할 기회는 의외로 가까운 곳에서 찾아왔다.

2학년 2학기가 시작될 무렵, 음악 선생님이 휴직계를 냈다. 인상이 험상궂고 말수가 적어 지휘봉보다는 야구 배트가 어울리는 남자였다. 지병 때문이라 했던가. 아무려나 반응은 시큰둥했다. 학생들 대부분이 음악실을 찜질방 수면실쯤으로 여기던 때였다. 판도가 뒤바뀐 것은 임시 교사가 대학을 갓 졸업한 여자 선생님이라는 사실이 밝혀진 이후부터였다. 늙은 두꺼비들만 가득한 사립 남고에서 젊은 여교사의 출현은 센세이션이었다. 삽시간에 팬덤이 만들어졌다. 피아노 건반 개수도 모르는 것들이, 음악 시간을 점심시간만큼이나 기다렸다.

나도 마찬가지였다. 다만 종류가 다른 기대감이었다. 또래의 수컷들이 단순히 다른 생물학적 성염색체에 열광하는 동안, 나는 종종 그녀가 들려주는 토막 난 연주에 매료되었다. 바흐와 쇼팽과 드뷔시 같은 것. 피아노 학원을 즐겁게 다녔던 어린 시절이 떠올랐다. 어느 날 그녀가 수업 시간에 틀어준 드라마 〈노다메 칸타빌레〉를 보던 중 나는 결심했다.

"음대 가려고요."

"악보는 볼 줄 아냐?"

담임은 귀를 후비적대며 물었다. 플랫 일곱 개 붙은 것도 볼 줄 아는데요. 말대꾸를 하고 싶었으나 손에 들린 몽둥이를 보고 참

앉다. 야자와 보충 수업을 빼기 위해서는 그의 허락이 필요했다. 음악 선생님의 도움으로 레슨 선생님도 구한 터였다. 이 험난한 세상에 자식을 중졸로 남겨놓을 수 없던 엄마도 마지못해 나의 노선 변경을 허락했다. 담임만 유난이었다.

"피아노 좋아하네. 너 그거 해서 서울대 갈 수 있어?"

서울대는 2호선 타면 가는데요. 주변 선생님들도 하나둘씩 거들었다.

"공부해라, 그냥. 머리도 있는 놈이."

머리통 안 달린 인간도 있나요.

"돌아온 탕아가 예술가가 되려 하네."

아, 확 그냥 다시 돌아가 버릴까⋯⋯

담임은 사유서를 써주었다. 단, 조건이 있었다.

"다음 콩쿠르에서 1등 해와. 안 그러면 음대 못가."

바둑 한 달 배우고 이세돌한테 이겨보란 소리로 들렸다. 대꾸할 기운조차 없었다. 그래도 대답은 해야 교무실에서 벗어날 수 있었다.

"네."

1등 못하면 당신이 어쩔 건데. 그래도 연습은 정말 열심히 했다. 반드시 1등 상을 받아 더는 내 앞길에 감 놔라 배 놔라 못하게 만들리라. 물론 그런 생각도 없지 않았지만⋯⋯ 그저 순수하게 피아노를 치는 게 좋았다. 나는 그 나이 먹도록 옷도 엄마가 골라주는 대로 입고 다니던 쪼다였다. 그러니까 처음이었다. 내가 원하는 무언가를 내 손으로 선택한 일이. 엄마는 '명문대 졸업 후 번

듯한 직업을 가질 큰아들'의 청사진이 박박 찢어진 것을 못내 아쉬워했다. 전교 일 등 하던 아들내미 덕에 끗발 서는 줄 알았더니, 알고 보니 개패였던 거지.

그러나 나는 말할 수 있다. 한 인간의 정서적 성장이란, 부모의 기대를 완전히 저버림으로써 시작되는 것이라고.

이듬해 봄, 시 교육청에서 주최한 음악경연대회에서 나는 1등을 했다.

소주 한 잔만큼의 속도

대학원 입시를 결심했을 때, 주변의 그 누구도 나를 지지해준 사람은 없었다. 학부를 마친 지 자그마치 삼 년이 지난 시점이었다. 서른이 코앞이란 뜻이었다.

졸업 후 한동안은 먹고살기 바빴다. 가릴 것 없이 일만 했다. 전역과 동시에 시작했던 학원 강사를 본업 삼아 온갖 아르바이트를 전전하던 시절이었다. 늘 돈에 허덕였다. 카드값, 월세, 통신비, 보험료, 자동차 할부금 따위가 끊임없이 총탄이 채워지는 리볼버처럼 매달 내 통장을 겨눴다. 사치를 일삼거나 명품을 사들인 것도 아닌데. 분수에 맞게 입고 한도에 맞게 들었는데. 그럼에도 언제나 밑 빠진 독이었다. 삶이 서바이벌 게임에 가까웠다.

한순간 덜컥 겁이 났다. 전투를 치르듯 살아왔는데 손에 쥔 전리품 하나 없다니. 때마침 길고 지난했던 연애 하나가 끝장난 참이었다. 끝났다기보단 박살 났다는 표현이 맞을 정도로 처참했다. 계좌 잔고와 씨름하느라 번듯한 데이트 한 번 못 해봤다는 생각이 그제야 들었다. 그렇다고 뭐 그럴듯한 워커홀릭 흉내를 내 보았냐 하면 그것도 아니었다. 돌이켜보면 이십 대 끝자락의 내게 남아있던 건 몇 번의 망한 연애와 미수에 그친 짝사랑, 그리고 그 모든 걸 가능케 했던 서투른 자기혐오뿐이었다.

감각하지 못하고 살았던 시간이 돌부리처럼 튀어나와 나를 넘어뜨렸다. 휘청대는 순간마다 허깨비가 나타났다. 제대로 된 연애도, 좋아하는 일도 못 해본 채 인생을 종치게 된 시시한 늙은 이의 모습. 사랑했던 모든 것들에 죄다 버림받고 차악을 최선으로 여기는 삶. 그런 게 내 미래가 될까 두려웠다. 동태 눈깔을 하고서 생업에 골몰하는 동안 까마득했던 삼십 대가 벌컥 문을 연채 손짓하고 있었다. 어쩌다 이렇게 넙죽넙죽 나이만 먹었지? 맛도 없고 영양가도 없는데. 이대로 괜찮은 걸까? 물론 하나도 안 괜찮았다. 가진 것도 이룬 것도 없이 나이만 먹는 게 억울해 술도 먹기 시작했다.

"술 좀 작작 마셔, 작작."

"불행해. 이건 내가 원하는 삶이 아니야."

"원하는 삶이 뭔데?"

그 대목에서 나는 한동안 테이블 귀퉁이 같은 델 노려보곤 했다. 물론 극적인 효과를 위해서였다.

"예술가?"

"자의식 과잉인걸."

"다시 할 거야, 음악."

대학원에 진학하겠다는 선언을 들은 사람들의 반응은 한결같았다.

"대체 뭐 해 먹고 살려고?"

질문을 가장한 힐난이었다. 그들은 음악을 '한다play'는 말을 문자 그대로의 '놀음'쯤으로 여겼다. 그러니까 제대로 된 '삶'과 대척점에 있는 것.

"현실 감각을 좀 가져."

"아직도 꿈을 먹고 사니?"

"남들처럼 평범한 직장 생활이란 걸 해볼 생각은 없어?"

여기저기서 폭죽놀이처럼 핀잔이 터져 나왔다. 애정 어린 조언이란 걸 모르지 않았으나…… 내 돈 내고 내가 가겠다는데 왜 지랄일까 싶은 사나운 마음이 왈칵 들었다.

"차라리 교육대학원을 가."

만류하는 선생님의 의견도 묵살한 채 나는 석사생의 신분으로 다시 학교 주차증을 끊었다.

학부 때와 달리 만만치 않은 커리큘럼이었다. 품위 유지를 위해서는 일도 멈출 수 없었다. 다만 공부에 집중하기 위해서는 시간에 구애받지 않아야 했다. 고정 수입원이었던 학원을 과감하게 그만두고 'N잡 프리랜서'가 되었다. 평일 밤에 나가던 바 아르바이트를 주말로 옮겼다. 영어 과외며 피아노 레슨을 늘렸다. 인맥을 통해 합창단이며 성악 클래스의 반주자 자리를 따냈다. 돈이 되기만 한다면 연주든 반주든 닥치는 대로 받아 무대에 섰다.

하루치 밥벌이가 끝나면 학교로 향했다. 한밤의 연습실은 귀신이 나와도 좋을 만큼 캄캄했다. 새벽 동이 틀 때까지 악보와 씨름했다. 고된 나날들이었다. 그래도 피아노 앞에 앉는 게 좋았다.

"진짜 뭐 해 먹고 살려고 그래?"

구름 위를 걷는 동안 누군가 밑에서 발목을 잡아채기도 했다.

"지금처럼만 살아도 괜찮아."

틀린 말은 아니었다. 돈이 되는 무대는 어디에나 있었으니까. 그러니 그저 열심히 페달을 밟다 보면…… 정상까지는 아니어도 적당한 곳에 발 뻗을 자리 하나쯤 있지 않을까. 그렇게 자위했다. 걱정을 미래로 유기했다. 불안감이 다른 쪽 발목까지 휘감을 때면 내가 가는 길이 옳다고 맹목적으로 믿었다. 믿는 척했다.

발밑이 꺼지는 순간은 생각보다 일찍 찾아왔다. 인생은 깜찍한 낙관만으로 굴러가는 세발자전거가 아니었으므로. 내가 간과한 건 수요와 공급의 불균형이었다. 돈이 되는 무대는 어디에나 있었고, 나만큼의 대체재도 어디에든 있었다. 이 바닥에서 끝내 살아남기 위해서는 뛰어난 실력을 갖추거나 남다른 인맥을 가져야 했다. 불행히도 나에게는 둘 다 없었다. 내가 맡고 있던 반주 수업은 영문도 모른 채 다른 이에게로 넘겨졌다. "이제 아이가 학업에 집중해야 해서요"로 시작하는 레슨 중단 통지를 줄줄이 받게 되었다.

무렵의 어느 날, 한 술자리에서 선생님은 말씀하셨다.

"남자 나이 서른이면 돈 벌 때야, 공부할 때 아니고."

충고라기보단 경고에 가까웠다. 대체 좋아하는 것들을 얼마나 더 잃어야 어른이 되는 걸까. 잠깐 입맛이 썼지만, 쓰다고 뱉을 수 있는 나이는 오래전에 지났음을 알았다. 불행 중 건질 만한 다행 하나는 있었다. 생애 곳곳에서 덤벼드는 결정에 충동으로 맞서는 건 나의 유일한 장기 중 하나였다. 그 순간 나는 건반 앞을 떠나기로 결심했다. 큰소리 치며 입학한 지 꼭 삼 개월 만의 일이었다. 포기는 그렇게나 빨랐다. 딱 소주 한 잔만큼의 속도였다.

우리도 몸 팔아 돈 버는데요

고졸 출신인 P는 중학교 동창들 사이에서 '자수성가의 아이콘'으로 불렸다. 난데없이 대학을 중퇴하고 전자제품 판매원으로 일하던 그는 어느 날 난데없이 헬스 트레이너가 되었다. 그러던 어느 날 또 난데없이 피트니스 센터 하나를 뚝딱 차리더니 명함을 들고 나타났다. 그 난데없는 어느 날들 사이에서 그가 무수하게 흘린 피와 땀과 눈물, 그리고 그 끝에 이룩해낸 찬란한 성공 신화는 하찮은 월급쟁이 대졸자들의 정신을 고양시키기에 충분했다. 때마침 달구지에 실린 채 인생의 내리막을 굴러가던 나는 어느 초겨울 오후 그와 독대하게 된다. 교수님께 자퇴 의사를 밝히고 얼마 지나지 않아서였다. 우리는 돼지국밥 두 그릇과 소주 한 병을 앞에 두고 마주 앉았다.

"우리 대표님, 연봉은 얼마 정도 되시나."

염치도 차릴 체면이 있을 때야 챙겨지는 법. 수치심도 잊을 만큼 당시의 나는 절박했다. 철모르고 꿈만 좇던 내 나이 어느덧 서른, 그야말로 닭 쫓던 개 신세였다. 그렇다면 다음은? 개처럼 일하고 개같이 벌어야 마땅했다. 눈알을 굴리며 셈을 하던 P는 억 소리 나는 액수를 뱉었다.

"나도 하나 차려봐?"

"좋지. 그 전에 내 밑에서 좀 배우고."

예상치 못한 전개였다. '배운다'는 말의 뉘앙스도 썩 마뜩잖았다. 그러나 염치를 잃은 인간이 자존심까지 챙기려 들었다간 거지꼴을 면하지 못할 터. 빠른 순간 위계가 만들어졌다. 나는 양손으로 P의 잔을 채웠다.

"이 집은 소주도 맛있네."

"한 잔 더 받으시죠, 대표님."

축구팀인 줄로만 알았던 FC는 피트니스 카운슬러Fitness Counselor의 약자였다.

"간단하게 말하면 회원 관리예요. 기존 회원들 불편함 없이 케어해주시고, 신규 방문객들 등록 유도해 주시고."

"등록 유도요?"

"처음 방문하신 분들 센터 투어 시켜드리잖아요? 그러고 나서 회원권 안내할 때 무조건 붙잡으셔야 해요."

"못 하면…… 다시 안 오나요?"

"확률이 많이 떨어지죠. 이 동네에 헬스장이 몇 갠데. 그러니까 상담이 관건이에요."

'상담'이라는 대목에서 J는 입 앞에 대고 손바닥을 몇 번 오므렸다 펴는 제스처를 보였다.

"아무래도 카운슬러니까."

카운슬러 좋아하고 앉아있네.

말이 좋아 카운슬러지 상담은커녕 온갖 잡무를 도맡아 하는 머슴에 불과했다. 변기를 닦거나 센터 곳곳을 청소하는 일부터 시작해서 자판기에 넣을 프로틴 음료를 발주하고 회원용 개인 락커에 이름표를 붙이는 일까지. 어떤 날은 온종일 휴게실에 처박혀 눈알이 빠지도록 지출 명세서와 영수증을 대조하기도 했다. 그뿐인가. 홍보 시간에는 블로그 포스팅을 하거나 외부로 나가 전단을 돌리고 현수막을 걸고 다니는 등, 대중없는 업무 탓에 넌더리가 날 지경이었다. 전단 좀 그만 꽂으라는 항의 전화나 불법 옥외 광고물 게시로 신고 접수되었다는 시청 직원의 연락은 처음에나 무서웠지 금세 우스워졌다.

FC 업무의 '꽃'이라 할 수 있는 영업 일도 적성과는 거리가 멀었다. 나는 번번이 사람들의 신용카드를 건네받는 데 실패했다.

"전망 보이시죠? 러닝머신 뛰면서 오션뷰 볼 수 있는 곳은 저희밖에 없거든요."

"너무 예쁘다."

"지금 등록하시면 건식 반신욕기도 무료로 이용하실 수 있어요."

"좋네요. 금액이 어떻게 되죠?"

"인포 데스크로 가실까요?"

그러나 테이블에 계약서를 놓고 마주 앉은 순간부터 그들은 가격을 흥정하려 들었다.

"회원님, 지금 6개월에 30만 원 해드리고 있거든요."

"생각보다 비싼데요."

그쯤 되면 목구멍까지 이런 말이 차오르곤 했다. 아니…… 대체 얼마까지 알아보고 오셨는데요? 한 달에 오만 원, 하루 이용료로 따지면 1,785원꼴이었다. 만만한 게 헬스장이라 이거지. 눈썹 문신과 네일아트에 돈을 아끼지 않는 사람들이 몇 푼 안 되는 센터 이용료에 야박하게 구는 게 웃겼다. 별수 있나. 웃으면서 보내드리는 수밖에 없었다.

"이래서야 이번 달 목표액 채우겠어요?"

대표는 종종 엑셀 창이 띄워진 모니터를 보며 면박을 주었다. 월말이 다가올수록 핀잔의 농도는 짙어졌다. 미등록 회원들의 전화번호가 저장된 총천연색의 DB 파일을 노려보며 머리를 쥐어뜯는 날들이었다.

빨간색, 거부.

노란색, 보류.

파란색, 긍정.

어제 '긍정'했던 인간들은 전화 좀 하지 말라며 역정을 내기 일쑤였다. 붉게 칠해진 이름들은 영원히 바뀌지 않는 멈춤 신호 같았다. 실적에 대한 압박으로 숨통이 조여올 때면 넥타이를 느슨하게 풀었다. 망할 놈의 트레이너들은 근 손실 타령을 하며 술도 같이 안 마셔줬다. 홀로 닭가슴살을 안주 삼아 소주를 마시며 신용카드 리볼빙 서비스를 신청했다. 쥐꼬리만 한 인센티브에 목매다는 고단한 영업직의 삶. 그건 내가 막연히 그려왔던 새로운 인생 2막의 어느 페이지에도 묘사되지 않은 장면이었다.

"누나, 나 또 최저 시급도 못 받게 생겼다."

"방법이 있지."

잔뼈 굵은 직장 선배이자 정신적 지주였던 S는 닭국수를 먹다 말고 내 어깨를 두드렸다. 호언장담하는 태도가 영 수상했는데 아니나 다를까, 그녀는 극약 처방을 내렸다.

"가족, 동창, 모임, 친구, 친구의 친구까지. 오늘부터 싹 다 작업 들어가."

"나 그런 거 못 해."

"지랄하네. 평생 수습만 할래?"

나는 합죽이가 되었다. 입사한 지 어언 6개월. 그때까지도 '수습 FC'를 벗어나지 못한 탓이었다. 그건 내가 반년 동안 단 한 번도 목표 매출액의 백 퍼센트를 달성해 본 적이 없다는 의미였다. S는 "이번에도 수습 딱지 못 떼면 죽을 줄 알아"며 으름장을 놓았다. 나는 그녀가 한때 도 대표 태권도 선수였다는 사실을 기억해 내며 고개를 끄덕였다.

"야, 오랜만이다. 잘 지냈어? 나야 뭐…… (멋쩍은 웃음) 먹고 살기 바쁘지."

전화번호부를 탈탈 털어 매출액을 메우는 동안 인간으로서의 품위와 자존감은 점차 깎여나가는 듯했지만…… 이러다 어디 가서 김치 한쪽도 못 얻어먹고 죽으면, 그건 뭐 존엄사인가.

"자존심 팔아 돈 버는 기분이야."

K는 호탕하게 웃었다. 그는 수개월째 센터 내 매출 1위를 자랑하는 트레이너였다.

"형님, 우리도 몸 팔아 돈 버는데요 뭐."

그는 아침부터 저녁까지 쉴 새 없이 수업하고도 일일 2회 개인 운동 시간까지 악착같이 챙기는 독종이었다. 고까운 삶에 기꺼이 맞서 투쟁하는 것이 어른의 포즈라면 나는 아직 흉내도 못 내 보고 있는 것인가. 문득 지난달 슬쩍 훔쳐봤던 K의 페이롤 파일이 떠올랐다. 나의 석 달 치 급여에 육박하는 액수가 적혀 있었다. 나는 넌지시 물었다.

"트레이너 하려면…… 술 끊어야 되냐?"

그러나 가까스로 정직원 명찰을 단지 두 달 만에 나는 사직서를 던지게 된다.

"지가 조폭이야? 사납금을 왜 자꾸 올리냐고."

P가 제시하는 목표 매출액은 달이 지날수록 높아졌다. 기준도 대중도 없었다. 주변에 즐비한 다른 센터들과 비교해 봐도 터무니없는 금액이었다. S와 나는 근무 도중 함께 몰래 흡연 구역으로 기어들어 가는 횟수가 늘었다.

"누나, 저 새끼 미친 거 맞지?"

"미친 새끼지."

그 무렵, P와 마찰이 잦아진 이유도 한몫했다. 이상한 비유 같지만 뭐랄까, 당시 우리의 관계는 몰래 사내연애를 하는 커플에 가까웠다. 다른 사원들 앞에선 말끔하게 대표와 직원 롤플레잉을 하다가도 단둘이 있을 때면 십오 년 지기답게 격 없이 굴곤 했다.

먼저 룰을 깬 건 나였다. P에게서 종종 보이는 낯선 모습들은 좋지 못한 의미로 생경했다. 그는 손바닥 뒤집듯 업무 지시를 번복하고서도 시치미를 뗐다. 퇴사한 직원의 급여를 한 달 넘도록 정산하지 않아 노동청의 연락을 받기도 했다. 파렴치나 몰염치, 그런 지저분한 명사들을 모아 빚으면 P라는 인간이 만들어지는 꼴이었다.

어느 날엔가는 회의 도중 다음과 같은 발언으로 모두를 기함하게 하는 일도 있었다.

"다들 일 *이따위로* 할 거예요? 돈 안 벌고 싶어요?"

밉다 밉다 하니까 미운 짓만 골라 한다는 할머니 말씀은 맞았다. P는 아침마다 카톡으로 유튜브 클립을 전송했다. 〈영업의 귀재가 되는 법〉. 〈돈 잘 버는 세일즈 기술 7가지〉. 안 해도 될 말을 덧붙여 뚜껑 열리게 하는 재주도 대단했다. "성공하셔야죠. 그러려면 공부하셔야죠." 가방끈으로 머리도 못 묶을 주제에 누구더러 공부 타령? 기가 찼지만 나름의 학벌 콤플렉스인가 보다 싶었다.

결정적인 순간은 따로 있었다. 언제부턴가 P는 업무 일과표에 '독서 시간'을 배치했다. 그놈의 공부 타령을 후렴까지 부른 셈이었다. 아무려나 저에게 돈 주고 책 읽는 시간까지 주시다니. 그건 P가 태어나 (나에게) 유일하게 잘한 일인지도 몰랐다. 그는 자기계발서나 영업 비법서 따위를 추천했다. 나로 말하자면 남이 권하는 건 일단 덮어놓고 안 듣는 반골이었다. 하루는 당시 아껴 읽던 시집 한 권을 가져갔다. 미간을 찌푸리며 책 표지를 훑던 P는 한심하다는 투로 말했다.

"이런 쓸데없는 것 좀 읽지 말아요."

프로틴을 지나치게 처먹었는지도 몰랐다. 혹은 통장에 갑자기 너무 많은 돈이 꽂히면…… 사람이 저렇게 되기도 하나? 이해의 영역에서 벗어난 타인을 미워하기는 쉬웠다. 나는 기분을 드러내기 시작했다. 회의 시간엔 딴지를 걸고 회식 자리에선 따로 테이블을 잡았다. 업무 외 시간에 오는 연락을 받지 않았다. 단둘이 놓이게 되는 상황을 피했다. 대답은 간결하고 태도는 뻣뻣해졌다. (이쯤 되니 정말로 망한 사내 커플의 이야기가 아닐 수 없다.) 감히 그랬다. P는 나의 영악함을 잘 알았다. 잃을 게 많은 쪽이 입을 닥쳐야 한다는 산수쯤은 그도 어렵지 않게 했을 거였다. 우리는 불손과 모멸을 은근하게 주고받으며 긴 우정의 종지부를 향해 달렸다.

어느 볕 좋은 날, 나는 인포 데스크에 홀로 앉아 머리통 위로 쏟아지는 햇살을 받으며 뜨거운 정념에 휩싸였다. 때마침 직원 대부분이 홍보차 밖으로 몰려 나간 참이었다. 대표는 맞은편 GX룸에서 노트북 자판을 두드리고 있었다. 나는 S에게 전화를 걸었다.

"누나, 나 먼저 가."

"뭔 소리야."

"조만간 내가 죽든지 저 새낄 죽이든지 할 거 같아서."

그녀는 길게 한숨을 쉬었다.

"그래. 여기까진 것 같다."

같은 교복을 입던 시절을 공유했다는 사실만으로 우정이 유효할 순 없었다. 하물며 갑을 관계가 성립되고부터야 더 말할 것도 없었다. 퇴사 소식을 들은 Y는 뒤늦은 충고를 전했다.
"친구끼리 하는 거 아냐."
"뭘."
"같이 사는 거, 일하는 거."
나는 한동안 목에 핏대를 세우며 P를 험담하고 다녔다. 선량한 고용인과 악덕 업주. 써먹기 좋은 프레임이었다. 무고한 피해자의 자리에 나를 위치시키는 것만이 속 좁은 내가 할 수 있는 변변찮은 복수였다.

시간이 흐르고 마음이 조금 넉넉해지자 다른 방식으로 뒤를 돌아보게 되었다.

> 자기에게 이런 이야기가 있는 것을 아는 것처럼 그 누구에게도 저런 이야기가 있다는 것을 충분히 알았다면 도저히 용서할 수가 없다는 식의, 건강에도 나쁜 생각은 하지 않았을지도 모르는데. (황정은, 「모자」, 『일곱시 삼십이분 코끼리 열차』, 문학동네, 2008)

어쩌면 P와 나는 그저 이해관계가 달랐을 뿐인지도 몰랐다. 다만 우리는 타인의 삶을 이해하기엔 몹시 미숙했고, 그래서 기어이 서로에게 얼룩을 남길 수밖에 없었던 거라고.

너절한 이별의 목록에 또 하나의 이름이 추가되었다. 나는 오랜 친구 하나를 잃었다. 남은 건 돈밖에 없었다, 고 말하고 싶지만 그러지도 못했다.

8개월 남짓한 재직 기간 동안 나의 평균 월급은 정확히 1,441,912원이었다.

가끔은 생을 혐오하더라도

여기 한 여자가 있다. 이름은 카와지리 마츠코. 직업은 중학교 교사. "노래도 잘하고 인기도 많았던" 그녀는 그러나 어느 날 제자가 일으킨 절도 사건으로 억울하게 사직을 강요받는다.

"그 순간 인생이 끝났다고 생각했습니다."

그렇게 가족을 버리고 집을 뛰쳐나온 여자. 이후 그녀의 일생은 완전히 엉망진창이 된다.

마츠코의 첫애인, 동거하던 작가 지망생은 그녀의 눈앞에서 목숨을 끊는다. 얼마 지나지 않아 그의 동료와 불륜을 저지르지만 그 또한 짧은 바람에 불과했다. 홧김에 마사지숍에 취직해 잘 나가는 호스티스로 이름을 날리는가 싶었으나 어리고 젊은 육체들에게 "눈 깜짝할 새에 뒤처져" 해고당한다. 낙심한 그녀에게 다가와 "둘이서 한밑천 벌어 보자"고 제안한 날건달은 반년 만에 그녀를 퇴물 취급한다.

"이런 쭈글쭈글한 여자를 어떤 남자가 안고 싶겠어?"

마츠코는 그의 복부에 수차례 칼을 찔러 넣는다.

"그 순간, 이번에야말로 인생이 끝났다고 생각했습니다."

자살에 실패한 그녀는 경찰에게 붙잡혀 8년간 감옥신세를 지게 된다. 그렇게 복역을 마친 뒤에는 야쿠자가 되어 그녀 앞에 나타난 제자와 기어이, 속절없이, 결국, 또다시, 사랑에 빠지고 마는 마츠코. 불나방처럼 번번이 사랑에 덤벼든 그녀의 삶에 남은 것은? 시시한 죽음뿐. 나카시마 테츠야 감독은 그 박복한 생에 이런 제목을 붙인다. 이름하여 〈혐오스런 마츠코의 일생〉.

전쟁 같은 취업 시장에 갓 뛰어들 무렵, 내가 가진 스펙이야말로 시시하기 짝이 없었다. 국립대 예술디자인학부 음악과 졸. 대한민국 육군 만기 병장 전역. 제1종 보통 운전면허 취득……

자소서야 지어내면 그만이라지만 이력서는 사정이 달랐다. 꾸며낼 수도 없는 이력 앞에서 나는 한없이 무력해지는 기분이었다. 나 정말 죽도록 취업하고 싶긴 한데, 근데 내 이력서는 왜 이렇게 깨끗하지?

누구보다 열심히 살았다고 자부했다. "애는 안 해본 일이 없어"에서 주로 "애"를 맡았다. 그럼에도 왜 번번이 서류 전형에서 떨어지는데? 그땐 몰랐다. 핵심은 따로 있다는 걸. 귀여운 액수의 돈을 벌기 위해 내가 닥치는 대로 해왔던 일들, 그건 결코 세상이 원하는 스펙이 아니었다. 사람들은 일찍이 생업 전선에 뛰어들었던 "애"보단 이력서의 글자 수가 더 빽빽한 "쟤"를 선호했다. 면접장에서 내 옆에 앉았던 "쟤"들은 하나같이 명문대에서 석사를 땄거나 학창 시절을 외국에서 보낸 구직자들이었다. 품종이 달랐다. 그렇다고 내가 뭐 대단한 곳엘 면접을 보러 다녔느냐 하면 결코 아니었다. 다짜고짜 전화해 당일 면접을 제안하거나, 엘리베이터도 없는 낡은 빌딩 꼭대기에 위치한 수상한 회사들이 태반이었다. 놀랍게도 그랬다.

"쟤들" 앞에서 돌잔치 하객처럼 웃던 면접관들은 내 이력서를 보자마자 표정을 갈아 끼웠다.

"음악을…… 전공하셨네요?"

그건 내가 오래전에 들었던 물음과 비슷했다. 그러니까 질문을 가장한 힐난. 나는 저지르지도 않은 일을 허위 자백하는 사람처럼 주눅이 들어 횡설수설했다. 좋아하는 일을 좋아서 했을 뿐인데, 그게 꼭 추궁당해야 할 죄라도 된 것처럼 그랬다.

면접을 망치고 귀가하는 길엔 실존적 불안에 빠졌다. 남들은 토익 점수 올리고 자격증 따러 돌아다니는 동안 나는 잘도 고급 취미를 즐기며 허송세월했구나…… 그 와중에도 인스타그램 속 누구는 수제 맥주 사업으로 대박을 터뜨렸다. 레지던트를 마치고 전문의가 되었다. 미용실을 차렸다. 공무원 시험에, 교사 임용고시에, CPA에 합격했다. 시시한 인생은 나한테 뒤집어씌우고 니들만 승승장구한다 이거지. 열패감에 젖어 대가리를 창에 처박으면 지하철은 난데없이 지상으로 튀어 나가 한강 위를 달렸다. 강물 위로 반사된 햇빛에 눈이 부셨다. 그대로 몸을 던지면 딱 좋겠다는 생각뿐이었다.

집으로 돌아오면 노트북을 켜놓고 괴로운 정념을 쏟아냈다. 주로 통렬한 반성이나 구질구질한 자책이었다. 아무 데도 갈 곳 없는 날이면 온종일 누워만 있었다. 자다 깨다 선잠을 반복했다. 겨우 정신이 들면 소주를 사 들고 왔다. 초밥이며 대게, 치즈 가리비구이 같은 값비싼 안주를 한 상 가득 부려놓고 술을 들이켰다. 무직자에게도 돈을 빌려주는 소액 대출은 많았다. 그게 다행인지 불행인지 재보다가 취했다. 다시 침대에 누우면 내일이 오는 게 무서웠다. 뭐라도 될 수 있을 것 같은 마음을 복권처럼 쥐고 살았는데, 까놓고 보니 다 꽝이라니. 어디서부터 무엇을 어떻게 바로잡아야 할지도 몰랐다. 어디에도 내 자리는 없는 것 같았다. 한동안 난민 같은 마음으로 살았다.

"그 순간 인생이 끝났다고 생각했습니다."

누구보다 나를, 내 생을 혐오했던 시간이었다.

이제야 겨우 과거가 되었다.

처음 마츠코를 안았던 남자들은 끝내 그녀를 때렸다. 단 하나도 예외 없이 그랬다. 그러나 코피가 터지고 눈에 멍이 들어도, 그녀는 스스로를 다독이며 주문을 왼다.

"괜찮아. 맞아도 혼자보다는 나아."

꿈이란 것도 그렇지 않나. 먹다 얹혀도 자꾸 받아먹게 되는 거. 취업에 성공하자마자 내가 가장 먼저 한 일은 전자 피아노를 구매한 거였다. 71만 원, 12개월 무이자 할부. 충동에 가까웠다. 5평 남짓한 원룸에 과분한 물건이기도 했다. 고작 88개 건반이 뭐라고, 그 앞을 계속 알짱거리는 것도 우스웠지만…… 퇴근 후 늦은 밤, 종종 피아노 앞에 앉았다. 전등을 다 끈 채로 스탠드 불빛에 의지해 건반을 누르면, 그냥 그것만으로도 충분한 시간이 흘렀다.

마지막으로 하나 더.

스무 살 때부터 막연하게 품어왔던 꿈이 하나 있다. 바로 글을 쓰는 사람이 되는 거였다. 인생이 캄캄하게 느껴질 때마다 백지 창을 띄워놓고 토하듯이, 때로 싸우듯이 썼다. 남몰래 꿈꾸고 은밀하게 써왔다. 습작생이란 어쩐지 수험생이나 고시생과는 다르게 내놓고 말하긴 낯부끄러운 신분이니까. 주로 좌절된 꿈과 망한 사랑 탓에 방황하며 인생을 두고두고 망가뜨리는 애송이들의 이야기였다.

내 삶을 조금씩 떼어 주인공들에게 나눠주었다. 받아 쓰고 나면 〈혐오스런 ○○의 일생〉 시리즈가 나왔다. 개중 하나가 재수 좋게 덜컥 당선되었다. 사람마다 쥐고 태어난 정해진 행불행의 몫이 있다면, 좋은 운 하나는 분명 거기에 쓰였을 거라 믿는다. 아무려나 일기장에 쓸데없이 소설 쓰지 말라던 엄마는 용돈을 부쳐 줬다. 쓸데없는 것 좀 읽지 말라고 일갈하던 P는…… 종종 내 인스타그램을 염탐하는 모양이다(실수로 '좋아요'를 누른 순간 현행범으로 발각된 바 있다).

돌이켜보면 그랬다. 나를 숱하게 망하게 했던 것들이 나를 쓰게 했다. 사랑이 망해도 망한 나는 남았으니까. 남아서 살고, 울고, 더러 쓰다가, 가끔은 (영영 아무도 들어줄 일 없을 것 같은) 쇼팽이나 라흐마니노프 같은 걸 방구석에서 혼자 연습하기도 하고……

인생이 끝났다고 생각한 순간에도 마츠코는 끊임없이 또 다른 사랑을 찾아 나섰다. 그러고 보면 종종 진저리나게 끔찍한 생의 동력은 기이한 정열에서 태어나는 것 같기도 하다. 그건 우리가 가끔은 생을 혐오하더라도, 사랑하는 것들의 목록을 언제든 받아 적을 준비가 되어 있어야 하는 이유가 아닐까. 설령 망할 게 분명하더라도 말이다.

꿈을 크게 가져라, 그래야 부서져도 조각이 클 테니.

좋아하는 말이다. 기어이 망가지고 나서야만 얻을 수 있는 것들이 있다. 이를테면 울퉁불퉁한 조각들. 어쩌면 삶이란 기껏해야 깨진 조각들의 모자이크에 불과한지도 모른다. 그래도…… 혹시 아나. 의외로 근사한 작품일 수도 있다.

|작가의 말|

나는 제목 짓는 걸 무척 어려워하는 인간 중 하나인데, 이 글은 마치 '에세이의 신'이 점지라도 해준 듯 제목이 먼저 찾아왔다. 그때 K와 나는 밀푀유나베가 끓고 있는 냄비를 앞에 두고 마주 앉아 있었다.
"생각났어."
"뭔데?"
"「사랑이 망하고 남은 것들」."
"오."
"괜찮지?"
"응, 근데 사랑이 망하면 뭐가 남아?"
근 일 년째 자의식 과잉에 젖어 있는 소설가답게 제법 그럴듯한 대사를 건네고 싶었으나…… 할 수 있는 말이라곤 이게 고작이었다.
"망한 내가 남지."

숱하게 망하고 잃고 버려진 후에도 여기, 남은 나를 기록할 수 있어 기쁘고 또 감사하다. 우매한 나는 늘 쓰면서 배운다. 이번에도 그랬다. 캄캄한 시간을 건너오는 동안에도 말들을 벼리며 견뎠고, 폐허에서 주운 것들은 끝내 16,178음절의 세계가 됐다.

생이란 게 결국 망한 나와 덜 망한 내가 벌이는 제로섬 게임이라면, 앞으로는 조금 더 기꺼운 마음으로 망한 나를 응원하겠다. 나의 망함에 예의를 갖추겠다.

모두의 안녕과 건투를 빈다.

이 밤
2022-2 스토리코스모스 신인소설상 당선
웹북 『초대』『사랑이 망하고 남은 것들』 출간

나는 소설의 신을 만났다

이상욱

1

 가끔 생각한다. 왜 하필 소설이었을까. 음악도 있고, 영화도 있고, 그림도 있는데.
 어렸을 때는 만화가가 되고 싶었다. 만화를 엄청나게(이 이상의 수식이 떠오르지 않을 정도로) 좋아했던 모친은, 다섯 살 난 아들을 데리고 매일 대본소에서 만화책을 빌려왔다. 한글도 모르던 다섯 살 아이는 엄마 옆에 앉아 종일 만화책을 넘겼다. 일종의 만화 영재교육을 받은 것이다. 불행히도 그림에 재능이 없었다. 이미 초등학교 1학년 때 이현세, 박봉성, 이상무, 고행석 같은 대작가들의 작품을 완독한 내가 하는 말이니 틀림없다.
 그림과 공부에 소질이 없던 나는, 수능 끝나기가 무섭게 작가가 되겠다는 뜻을 부친에게 전했다. 부친은 공부도 못하는 게 감히 작가가 되려 한다며 극대노하셨다. 아들이 원고지 앞에서 아사하는 꼴을 볼 수 없었던 부친은, 전국에서 가장 등록금이 싼 국립대학교 건축공학과에 아들을 입학시켰다. 이해한다. 1997년 대한민국은, 먹고 사는 게 유일한 미덕인 시대의 출발점이었으니까. 돌이켜보면, 당시 부친의 선택은 매우 현명한 것이었다. 그대로 건축을 진로 삼았다면 지금쯤 갭투자로 아파트 수십 채를 굴렸을지도 모른다.

그에 비해 소설은 어떤가. 삼국지 같은 걸 대충 번역하면 천만 부나 팔리니, 너도나도 삼국지를 내는 시장 아닌가. 솔직히 연의 삼국지는 걸핏하면 백만 대군이 등장하는 판타지 소설에 불과하다. 분명 관도대전에서 원소의 백만대군을 물리쳤는데, 적벽에서 조조가 또 백만 대군을 동원하고, 강유가 위를 정벌한다면서 수십만을 동원한다. 당시 중국 인구가 이천만쯤 되었다는데, 병사가 콩나물도 아니고 어디서 매일 백만을 뽑아내나.

중국식 과장은 늘 머리를 아프게 하지만 무엇보다 큰 문제는 역사 지식의 편중이라 할 수 있겠다. 조조가 서주에서 대학살을 벌였다는 건 알면서, 연산군이 사냥하겠다고 경기 남부를 밀어버리는 바람에 충청도였던 평택이 경기도에 편입되었다는 사실은 아무도(내 주변 한정) 모른다. 연산군이 평택을 경기 남부로 만드는 바람에 집값이 얼마나 올랐던가. 내가 고향을 등진 건 전부 연산군 때문이다.

이렇게 건축이 문학보다 그 효용이 높음에도 불구하고, 나는 도저히 건축을 계속할 수가 없었다. 왜 그럴 수가 없었냐고 묻는다면, 세상에는 그럴 수 없는 일이 엄연히 존재하기 때문이라고 대답하겠다. 도저히 그럴 수가 없던 나는 졸업과 동시에 부사관으로 입대했다.

직업 군인의 삶은 생각보다 괜찮았다. 또래 부사관과 매일 밤 함께 어울려 다니며 PC방에 가거나 술을 마셨다. 돌이켜 보면 그건 군 생활의 즐거움이 아니라 젊음이 선물하는 찰나의 행복이었다.

젊음의 선물이 하나둘 사라지던 어느 날 나는 결혼을 했다. 생애 처음으로 서재라는 걸 가졌다. 책장에 좋아하는 책을 꽂은 뒤, 맞은편에는 책상과 컴퓨터를 배치했다. 컴퓨터를 부팅하고 워드프로세서를 실행했다. 하얀 바탕에 작은 커서가 깜빡였다. 그 순간 깊은 바닷속에 잠들어 있던 물고기가 어둠 속에서 소리도 없이 눈을 떴다.

왜 하필 소설이었을까. 음악도 있고, 영화도 있고, 그림도 있는데. 그게 뭐든 소설보다 돈이 됐을 텐데. 모두가 더 좋아하고 관심을 가져줬을 텐데. 아버지에게 그런 눈빛을 받지 않아도 됐을 텐데.

그렇게 오랫동안 자신을 미워하지 않아도 됐을 텐데.

2

흔히 작가가 되려는 사람에게 가장 많이 언급되는 이야기가 다독(多讀), 다작(多作), 다상량(多商量)이다.

이 중 나를 고민케 한 건 다상량이었다. 다독, 다작은 알겠는데, 다상량은 대관절 이해가 되지 않았다. 많이 생각한다니. 도대체 무엇을? 나는 평소에 내가 주로 무슨 생각을 하는지 숙고해봤다. 아침에 일어난다. 세수하고 면도, 아침 식사 생략 후 출근, 오전 일과, 점심, 오후 일과, 퇴근. 그사이 내가 제일 많이 하는 생각은 '퇴근하고 싶다'였다. 출근하자마자 시작해서 퇴근을 코앞에 두고도 그렇다. 아무리 초보자라도 이게 다상량이 아니라는 건 알 수 있었다.

그렇다면 무엇이 다상량인가. 애초에 다상량의 지향점은 어디인가? 그런 게 있기는 한 건가?

이십 대 중반의 나는 이스라엘과 팔레스타인 갈등에 관심을 가졌다. 조 사코(Joe Sacco)의 〈팔레스타인〉이라는 만화책을 읽고 나서였다. 그 뒤로 중동 역사와 오리엔탈리즘, 이-팔 갈등 관련 서적과 자료를 하나하나 찾아 읽었다.

이스라엘은 자신들이 나치 독일에 당했던 것과 비슷한 방식으로 팔레스타인을 박해한다. 갈등의 원인은 영국의 뻔뻔한 거짓말이었다. 이스라엘 뒤에는 미국의 유대계 자본이 있다. 나는 이 이야기를 사촌 동생에게 말한 적이 있다. 사촌 동생이 말했다.

오빠가 그런 걸 알아서 뭐 해? 문제가 해결되는 것도 아니고 마음만 아프잖아.

할 말이 없었다. 심지어 논리적이다. 나는 머리를 긁적이며, 그러게, 라고 대답했다.

적당한 대답을 찾은 건 몇 년이라는 시간이 지나서였다.

중요한 건 세상이 바뀌느냐 아니냐가 아니다. 물론 그건 그것대로 중요하다. 하지만 더 중요한 것은 '한 번뿐인 내 삶을 어떻게 살지 스스로 정하는 것'이었다. 세상이 변하지 않는다고? 개인은 무력하다고? 맞는 말이다. 하지만 그건 그거고 나는 나다. 나는 나를 정의한다. 힘으로 약소국을 박해하는 건 잘못된 일이다. 용납해서는 안 된다. 그렇게 생각하는 게 '나'이며, 그것은 나의 의지이자 선택이다.

그 순간 다상량에 대해 깨달았다.

다상량이란 단순히 '서사를 떠올리는 것'이나 '퇴고를 많이 하는 것'만을 의미하지 않는다. 이 세계의 일부로서 자신을 어떻게 정의할 것인가, 라는 문제와 깊이 연결되어 있다. 작가란 치열한 고민과 사유로 자신의 좌표를 만들어야 한다.

조조만 해도 그렇다. 여백사 일족을 죽였다고 비난하는 진궁에게 '내가 세상을 저버릴 수는 있었도, 세상이 조조를 저버릴 수 없다'고 하지 않았던가. 옳고 그름을 떠나 자신이 어떤 세상에 서 있을지 스스로 결정한 것이다. 그에 반해 유비는 지극한 불리함에도 도겸을 돕기 위해 서주로 향했고, 불리함을 무릅쓰고 형주민들을 보호했다. 유비의 이런 행보 역시 자신의 세상을 정의한 결과였다. 스스로 선택한 결과로 조조는 '난세의 간웅'이 되었고, 유비는 '덕의 화신'이 되었다.

동탁, 여포, 원술이 영웅이라 불리지 못하는 이유는 그들이 선하거나 악해서가 아니라, 자신의 세계를 정의하지 않았기 때문이다. 욕망과 눈앞의 이익만 따라간 이들을 역사는 올바로 평가하지 않는다.

말이 나와서 말인데, 솔직히 조조가 얼마나 많이 패배했던가. 동탁 암살도 실패하고, 여포 반란 때도 국지전에서는 계속 패배했다. 장수와 가후에게 2연패 했고, 적벽에서는 치명적인 패배로 형주를 유비에게 내줘야 했다. 마초군과 서량에서 싸울 때는 살기 위해 수염을 자르기도 했다. 유비도 적벽대전 전까지 사실상 떠돌이 거지에 불과했다. 유비가 마지막까지 살아남은 건, 그가 도망의 최고수였기 때문이다. 이렇게 많은 패배와 좌절 속에서도 두 인물은 포기하지 않았다. 나는 그 힘의 원동력을 '자신의 삶을 스스로 정의하는 능력' 때문이라고 생각한다.

나의 삶을 정의하는 일. 나는 어떤 인간인가, 라는 질문으로 귀결된다. 본격적인 다상량이 시작되었다.

자본주의와 공산주의 중 어느 경제체제를 더 옹호하는가?
성 소수자의 권리는 꼭 지켜져야 하는 것인가?
어떤 가치관으로 아이를 양육할 것인가?
과학과 기술의 발전이 가져올 미래는 어떤 모습일 것인가?
사랑이란 만들어진 개념에 불과한가?
생명의 진화를 추동하는 것이 생존과 번식이라면, 그 추동력이 환경의 변화를 주도하는 지금, 미래의 모습은 어떻게 될 것인가?
유일신은 존재하는가?
삶이 고통스러운 이유는 무엇인가?
목표를 이루는데 가장 큰 방해물은 무엇인가?

현재의 대한민국은 역사의 어느 시대와 가장 닮아있는가?
예수는 왜 죽어야 했는가? 그가 재림하면 죽지 않고 살아남을 수 있을 것인가?
박정희는 대한민국 근대사에 어떤 의미를 가지는가?
……

질문이 쌓이고, 나름의 해답을 찾았다. 그 질문과 답이 쌓여 나를 정의했다. 내가 모르는 질문과 답은 별처럼 많다. 그중 여전히 답을 찾지 못한, 오래된 질문이 하나 있다.
나는 소설을 쓰고 싶은 걸까, 소설가가 되고 싶은 걸까?
소설을 쓰고 싶은 것과 소설가가 되고 싶은 건 비슷해 보여도 전혀 다르다. 물론 이 둘을 무 자르듯 나눌 수 없다. 하지만 나는 오늘도 내게 이 질문을 던진다. 힘들고 외로울 때마다, 이 질문이 나를 일으키기 때문이다.

3

행군을 해본 사람은 안다. 인간의 육체가 얼마나 허약한 것인지. 영화에서 주인공이 무거운 짐을 메고 밤낮으로 걷는 건 다 거짓말이다. 군장 무게는 40킬로그램 정도. 그걸 메고 워커에 땀도 잘 안 빠지는 전투복을 입고 대략 50킬로미터를 걷는다. 그것도 밤을 지새우면서. 나중에는 흙과 아스팔트를 걸을 때 발바닥에 전해지는 통증이 다르게 느껴질 정도다. 그놈의 깔딱고개는 왜, 어째서, 무슨 이유로, 부대마다 존재하는 건지 지금도 미스터리다.

조조는 아버지의 복수를 이유로 서주를 침공한다. 근거지 연주에서 서주까지의 거리는 대략 500킬로미터, 서울–부산 거리다. 조조는 서주에서 40만을 학살한다. 연주에서 여포가 진궁과 더불어 반란을 일으키자, 도겸을 지원하러 온 유비가 뻘쭘하게도, 조조는 곧바로 연주로 회군한다. 정리해 보자면, 조조군은 서울에서 부산까지 걸어가 전투를 하다가 반란 소식을 듣고 다시 부산에서 서울까지 걸어가 전투를 한 것이다. 그것도 여포랑. 조조가 괜히 암살을 두려워한 게 아니다.

그런데 이상하지 않은가? 조조가 뭐라고 그 먼 길을 달려가고 달려와 싸운단 말인가? 아니, 애초에 군벌이 뭐길래 그렇게 충성한단 말인가?

사실 개인에게 '국가'라는 정체성이 생긴 건 오래되지 않았다. 한반도인은 거란과 전쟁하던 고려시대에 국가의 정체성을 가졌다. 일본의 경우 고려 몽골 연합군의 침공을 받고 나서야 일본과 바깥이라는 의식이 생겼고, 메이지 유신 이후에야 국가 중심의 사고를 하게 되었다. 유럽 역시 대규모 전쟁을 통해 국가 개념이 생겨났다. 이전까지는 대한민국 국민보다, 평택, 나주, 부산 사람이라는 정체성이 더 강했다는 의미다.

군벌은 기본적으로 지역을 거점으로 한다. 토착 유지나 지역민들과의 스킨쉽이 강할 수밖에 없다. 오늘 함께 싸운 전우는 3중대

2소대 1분대 소속이지만, 고향에 가면 방앗간 집 큰아들이고 김씨 아저씨네 막둥이다. 근대 이후 국가 단위의 동원 체계가 완성되고 나서야 1차 세계대전 같은 죽음의 전선에 수십, 수백만 병력을 밀어 넣을 수 있었다. 그런 이유로 군벌은 지역민과 운명 공동체였다. 조조의 연주가 여포에게 침공당한 게 아니라, 내 고향이 여포에게 침공당한 것이다.

하여튼 중사 때까지는 행군을 곧잘 했다. 아무리 힘들어도 10분간 휴식이 끝나면 다시 일어나 걸을 수 있었다. 최근에는, 내가 무슨 부귀영화를 누리겠다고 이 야밤에 걷는 걸까, 라는 질문이 끝없이 맴돈다. 체력이 아닌, 생명 그 자체를 쥐어짜는 기분이 든다.

군인은 매년 체력 측정을 받는다. 어찌어찌 체력측정을 하고 결과지를 받으면, 등급과 함께 '올해는 작년에 비해 이만큼 늙고 체력도 이만큼 떨어졌어요'라고 적힌 진단서를 보는 기분이다.

소설을 쓴다고 하면 의자에 앉아서 손가락만 움직이면 되는 거 아니냐고 말하는 사람과 종종 만난다. 그때마다 키보드만 두드리는 나약한 손가락으로 코를 찌르고 싶어진다. 몸에서 가장 많은 에너지를 소비하는 기관이 뇌다. 대략 칼로리의 25%를 사용한다고 한다. 내가 글을 쓸 때마다 캔커피를 마시는 건 카페인과 당분을 한 번에 섭취하기 위함이다.

매일 밤 소설을 쓰며 십육 년을 보냈다. 누구는 의지를 말하지만, 나는 습관을 말한다. 이 습관이 체력의 소진으로 예전만 못하다. 글 쓰는 시간보다 스마트폰 하는 시간이 늘어나고 있다.

운동을 싫어하고 여전히 입에 물려있는 담배 탓이다. 유비는 형주에 머물며 나태해진 자신을 보며 비육지탄(髀肉之嘆)했다. 정신의 날카로움은 곧 육체의 날카로움이기도 하다.

다시 달리고 있다. 불혹을 넘긴 몸은 예전처럼 빠르지도 우직하지도 못하다. 그래도 뛰다 보니 조금씩 거리도 늘고 다리에 힘도 붙는다. 20대 체력은 무리지만, 꾸준히 하면 30대 중반의 체력은 회복할 수 있을 것 같다.

건강한 육체에 건강한 정신이 깃든다는 말이 있다. 소설도 예외는 아니다. 건강한 육체만이 좋은 소설을 만든다.

4

더닝 – 크루거(Dunning-Kruger effect) 효과라는 게 있다. 바로 아래 그래프다. 마우스로 그려 허접하다. 이해를 바란다.

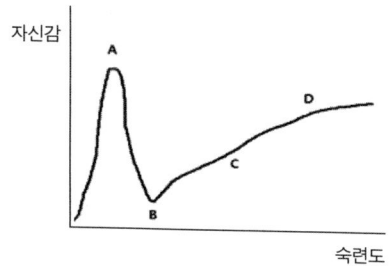

A : 우매함의 봉우리   B : 절망의 계곡

C : 깨달음의 비탈길   D : 지속 가능성의 고원

음악과 미술, 시에는 천재가 있다. 하지만 소설에는 없다.

나는 언젠가 이런 문장을 혹은 말을 읽거나 들었던 기억이 있다. 물론 소설에도 천재는 있다. 소설을 쓰다 보면 그 사실을 절실하게 느낀다. 하지만 소설의 천재는 저 그래프를 압축하는 사람이지 건너뛰는 사람이 아니다. 적어도 내가 아는 소설가는 그렇다.

나 역시 저 과정을 전부 겪었다. 천재는 물론이고 범재에도 못 미치는 나에게, 저 과정은 아주 길고 혹독했다. 인생은 사소한 것 하나도 쉽게 내주는 법이 없다. 나는 유물론자지만, 혹시라도 신을 만나게 되면 반드시 결투를 신청할 생각이다.

A : 처음 쓴 소설은 당연하게도 형편없었다. 실망하지 않았다. 이제 시작이었으니까. 노력하면 더 좋은 소설을 쓸 수 있을 거라 믿었다. 좋아하던 작가의 이름을 떠올리며 언젠가는 그렇게 될 수 있을 거라 믿었다. 그때 내가 했던 말 중에 이런 게 있다. '누가 나에게 소설을 가르칠 수 있을 것인가.' 나는 우매함의 봉우리에 꽤 오래 머물렀다.

B : 지금도 기억난다. 2012년, 나는 일 년 넘게 쓴 장편을 투고했었다. 투고하기 전에 이미 알았다. 당선이 어렵겠다는 걸. 그래도 냈고, 예상은 빗나가지 않았다. 나는 깨달았다. 내가 이름을 외우고 있는 작가들이 진실로 천재이며, 그들이 쓴 작품은 대작이

라는 사실을. 재능도 없는 내가 소설에 7년이나 매달렸다는 걸.

왜 평범한 독자로 만족하지 못했던 걸까.

자책하며 거의 매일 술을 마셨다. 단순히 좌절 때문만은 아니었다. 매일 하던 집필을 멈추니 밤이 너무 길고 공허했다. 직장동료 몇몇과 저녁마다 술집을 전전했다.

술은 즐거웠다. 나는 취하면 멍청해질 수 있었다. 사건과 플롯, 인물을 고민하는 대신 시답잖은 농담으로 시간을 죽였다. 더 자연스러운 문장을 쓰기 위해 원고를 소리 내어 읽는 대신 노래방에서 유행가를 불렀다. 아무 일도 하지 않으니, 아무 일도 벌어지지 않았다.

나는 B에 머무른 채 6개월을 보냈다.

계절이 바뀌면서 좌절의 농도가 옅어졌다. 술은 돈이 들었다. 술은 건강을 해쳤다. 술은 가족과의 관계를 소원하게 했다. 그에 반해 소설은 딱히 해로움이 없었다. 성취가 없어도 어제와 같은 일상이 이어질 뿐이다.

문예창작과에 다니기로 결심했다. 심기일전해서 다시 소설에 도전하려던 게 아니었다. 소설에 대한 미련을 완전히 떨치는 게 입학의 목표였다.

5

1학기 소설 동아리 과제는 '전혀 다른 두 가지 이야기를 섞어서 소설을 써라'였다. 나는 2주 뒤에 교수에게 과제를 제출했다.

소설을 제출하고 일주일 뒤 교수에게, 식사나 한번 하자는 연락이 왔다. 교수는 혼자 소설 쓰느라 외로웠겠다고 말해주었다. 통곡할 뻔했으나 자존심 때문에 눈에 먼지가 들어간 정도로 넘겼다. 그때 제출한 소설이 등단작인 〈어느 시인의 죽음〉이었다.

등단.

이 얼마나 눈물겨운 단어인가. 청탁이 쏟아지고, 책을 내고, 봉준호 감독이 영화화하고, 기자를 만나서 '문학이 죽어버린 시대. 하지만 나의 문학은 여전히 살아있다.'고 말하는 나를 상상하며 이불을 막 발로 퍽퍽 차고 그랬다. 혹시나 국방부에서 내 소설을 검열할까 싶어 필명까지 썼다.

당연하게도 위의 일은 벌어지지 않았다. 나의 문학은 시한부 판정을 받고 연명치료에 들어간 상태였다. 그 뒤로 몇 년 동안 주기적으로 우울감에 빠졌다. 상투적 비유를 들자면, 나는 어둡고 긴 터널을 걷고 있었다. 이 터널은 끝이 보이지 않았다.

더닝-크루거 그래프는 B에서 D까지 곡선은 완만한 경사를 그리지만, 실제로는 아래 모양을 한다.

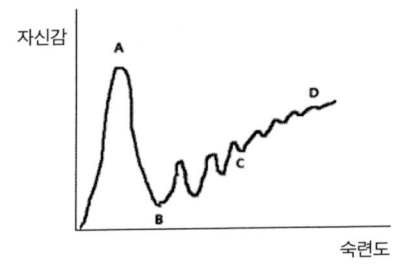

자신감이 올라갔다 내려갔다 하는 것이다. 다행히 저 진폭은 시간과 함께 줄어든다.

이 과정은 단순한 만큼이나 지긋지긋했다. 여기서 벗어나는 방법은 두 가지가 있는데, 하나는 자신이 생각한 성과를 내는 것이고, 다른 하나는 자신의 한계를 인정하고 받아들이는 것이다.

내 경우에는 후자였다. 이 선택이 가능했던 건 쇼펜하우어의 〈의지와 표상으로서의 세계〉와 부처 철학과의 만남 덕분이었다. 둘을 언급했지만 실은 하나라 해도 상관없다. 쇼펜하우어의 철학은 불교 영향을 깊이 받아 그 근본이 다르지 않다. 실제로 쇼펜하우어의 책상에는 항상 부처상이 올려져 있었다고 한다.

습작을 시작하면서부터 나의 목표는 하나였다. 글만 쓰며 사는 삶. 나는 이게 사소한 목표라고 생각했다. 세상 모든 작가가 전업을 꿈꾼다. 재능과 노력이 넘쳐나는 작가들도 쉽게 이루지 못하는 게 '전업 작가'라는 걸 그때는 알지 못했다.

사람은 욕망을 채우지 못할 때 바닥을 드러낸다. 그릇에 따라 바닥을 드러내는 방식이 천차만별인데, 내 경우 가장 치졸한 형태였다. 바로 가족과 환경을 원망하는 것이었다.

나는 재능이 있는 사람인데(재능 없음), 가장이라는 무게에 짓눌려(짓눌리지 않음), 재능을 썩히고 기회를 잃어버렸다고 믿었다. 주변을 원망하고 자신을 객관적으로 보지 못하니 하루하루가 괴로웠다.

당시 나는 마음을 추스르기 위해 정토회 불교대학에 다니고 있었다. 하루는 법사를 모시고 법문을 듣게 되었는데, 고민을 말하고 해답을 듣는 방식으로 진행되었다. 이런저런 상담이 이어지다 젊은 여성의 차례가 되었다.

여자는 결혼을 앞두고 있었다. 약혼자는 법륜스님을 사이비라 말하며, 여자에게 정토회 활동을 하지 말라고 한다. 자신은 계속 정토회에 다니고 싶은데 어떻게 해야 할지 모르겠다며 울었다.

이에 법사는 말했다.

세 가지 방법이 있습니다.
하나, 약혼자의 말대로 정토회를 그만두고 마음 편하게 결혼하는 겁니다.
둘, 약혼자와 파혼하고 마음 편하게 정토회에 다니는 겁니다.
셋, 약혼자와 결혼도 하고 정토회에도 다니는 겁니다. 대신 이 경우에는 남편의 눈치를 좀 봐야 합니다.
이 세 가지 말고는 다른 길이 없습니다.

과연 그렇다. 자신의 길을 선택하고 책임진다. 그것이 불교에서 말하는 자기 삶의 주인이 되는 길이다. 참 어리석은 여자라고 생각하다가 문득 이게 남의 이야기가 아님을 깨달았다.

나에게 주어진 것도 세 가지 길뿐이었다.
직장을 그만두고 소설에 전념한다.
소설을 그만두고 직장에 전념한다.

직장에 다니면서 좀 힘들더라도 시간을 내서 소설을 쓴다.

나는 이 중 하나를 선택하고, 그 선택에 책임져야 했다. 다른 방법은 없었다.

그날 나는 어두운 터널에서 벗어났다. 애초에 어두운 터널을 걷고 있지도 않았다. 고통은 무지에서 기원한다. 나는 고통스러운 자가 아니라 무지한 자였다. 일체유심조(一切唯心造)라는 말을, 못해도 일 년에 두세 번은 들으며 살았다. 나는 그냥 무지한 자가 아니라 참으로 무지한 자였다.

그날 이후 나는 제도권 문학을 포기했다. 책을 내고, 문학상을 타고, 인터뷰하고, 명절 자리에서 '이번에 무슨 무슨 대단한 문학상을 수상했어요' 혹은 '책이 출간되었습니다.'라고 말하는 삶을 말이다.

그냥 쓰고 싶은 소설을 쓰며 행복해지기로 했다. 그제야 나는 '절망의 계곡'에서 '깨달음의 비탈길'로 걸어갈 수 있었다.

그리고 2년 뒤 단편집이 출간되었다.

6

인간의 욕심은 끝이 없고, 같은 실수를 반복한다.

마음을 비웠다고 생각했는데 아니었다. 책을 출간하고 나니 욕심이 생겼다. 책을 백만 부 정도 팔아서 집도 사고 차도 사는, 누구나 꿈꾸는 평범하고 소소한 욕심 말이다.

하지만 그런 일은 벌어지지 않았다. 그러니 욕심이라 부르는 거겠지. 상처받은 마음도 달랠 겸 산책을 하다 우연히 소설의 신과 만났다.

소설의 신은 깡마른 체형에 청바지를 입고, 꽁지머리에 지저분한 수염을 기르고 있었다. 그는 다가와 내게 담배를 요구했다. 나는 호구처럼 소설의 신에게 담배를 주고 불까지 붙여주었다. 담배 연기를 깊게 빨아들인 소설의 신이, 어지럽네, 라는 말 같지도 않은 소리를 지껄였다.

올해 몇 살이지?

마흔셋인데요.

알베르 카뮈가 노벨상을 받은 나이네.

저도 매일 아내에게 밥상을 받고 있습니다.

밥상을 받다니, 따로 밥벌이가 있구나.

뒷정리와 설거지는 제가 하지요.

하지만 많이 벌지는 못하는구나.

소설의 신이라는 게 이렇게 밉상일 줄이야. 무시하고 산책이나 마저 하려고 했는데 소설의 신이 졸졸 따라왔다. 길 따라 심어진 벚나무가 꽃을 잔뜩 피웠다. 바람이 차가웠지만 그래도 봄이었다.

왜 따라오세요?

널 만나러 왔으니까.

절 만나도 별거 없어요.

알아. 하지만 꼭 용무가 있어야 만나나. 그냥 이렇게 걷기도 하는 거지. 커피 마실까?

당연하게도 소설의 신은 돈이 없었다. 나는 편의점에 들어가 캔커피를 샀다. 우리는 아무도 없는 공원 벤치에 앉아 캔커피를 땄다.

예전 같으면 내가 샀겠지만, 요즘은 어려워서 말이야. 웹툰의 신과 넷플릭스의 신에게 빌붙어서 근근이 살고 있거든. 뭐, 어쩌겠어. 세상이 변했는데. 지난 몇천 년 동안 유일한 서사의 신으로 오래 해 먹었으니 후회는 없다.

아니, 혼자 후회가 없으면 어떻게 합니까. 우리는 어쩌라고.

웹 소설 써. 거기 요즘 잘 나가더만.

저도 좋아하는 웹소설이 있기는 한데, 매일 그 분량을 쓸 자신이 없어서요.

소설의 신은 커피를 마시고 다시 담배 하나를 더 얻어갔다. 그는 두 팔을 등받이에 걸치고 고개를 젖혀 하늘을 바라봤다. 천천히 담배를 전부 피우며 별이 흐리네, 예전엔 이렇지 않았네, 라고 떠들던 소설의 신이, 갑자기 내 등을 철썩 때렸다.

기분이다. 담배에 커피까지 얻어먹었으니, 뭐든 궁금한 게 있으면 물어봐. 특별히 대답해 주지.

진짜요?.

발간하는 순간 백만 부는 거뜬한 서사부터, 하루를 일 년처럼 쓸 수 있는 공간까지 구비되어있어. 물론 거기 들어가도 늙으니까 가끔 사용해야 해.

재입대만도 못한 공간이네요.

재입대도 가능은 해. 아, 직업 군인이랬나? 어쨌든 아무거나 물어봐. 인세 계약 때 두 배 이상 받는 기술도 있는데.

그럼…… 진짜 오래전부터 궁금한 게 있는데.

나는 침을 삼켰다.

우리는 왜 사나요?

소설의 신 눈동자가 부엉이처럼 동그랗게 변했다. 개의치 않고 질문을 이어갔다.

매일 매일 거대한 공허가 찾아옵니다. 무슨 짓을 해도, 이 공허로부터 도망칠 수가 없어요. 우리는 그저 고통받기 위해 사는 건가요.

소설의 신이 몸을 돌려 나를 바라봤다. 무슨 생각을 하는지 도저히 알 수 없는 얼굴로 짧아진 꽁초를 바닥에 던지고 발로 비볐다.

얼마 전에 대위 중대장에게 질책받고 혼났지? 너보다 열 살도 더 어린애가 소리 지르고 다그치는데, 고개 숙여 결국 사과하고 말았어. 마음도 자존심도 상했지만, 집에 와서는 아무 일도 없는 것처럼 청소하고 빨래하고. 독서실로 꾸역꾸역 기어가서 같잖은 소설이나 쓰면서 '그래도 나에겐 소설이 있어'라고 자위하는 인생. 네 고통이라는 게 이런 거냐?

……

그럼 그 중대장은 나쁜 놈인가? 어떻게 생각해?

……

내 생각에는, 걔 그렇게 나쁜 사람 아니야. 성격은 좀 욱해도, 맺고 끊는 게 정확하고 남자답고 업무 추진력도 있어. 그럼 좋은 사람이냐 하면 그것도 아니지. 말과 설득보다 행동이 앞서고, 약자에게 강하고 강자에게 약한 전형적인 공무원이지. 세상은 이런 사람을 뭐라 부르는지 아냐?

뭐라 부르는데요?

보통 사람.

소설의 신이 미소를 지었다.

슬픔과 고통과 부조리, 기쁨과 쾌락과 정의를 전부 싸잡아 '보통'이라 부를 수 있는 사람. 그게 작가다. 내가 보니, 너는 어쩌다 보니 작가가 된 놈 같구나.

무거운 침묵이 나와 소설의 신 사이로 내려앉았다.

소설의 신이 일어나 엉덩이를 털었다. 머리를 정돈하고 내 어깨를 툭툭 두드리고 자리를 떠났다.

혼자 남겨진 나는 그의 말을 곱씹었다. 이 모든 것들이 정말 보통일까. 보통일 수밖에 없는 걸까. 한숨이 절로 나왔다. 담배 하나를 더 피우고 자리에서 일어났다. 어쩌다 보니 작가가 된 놈이라니. 이상하게도 기분이 나쁘지 않았다.

바람이 불자 꽃잎이 우수수 떨어졌다. 꽃이 전부 지고 나면 푸른 잎으로 뒤덮일 거다. 그렇게 금방 여름, 금방 겨울이다.

나는 주머니에 손을 넣고 독서실로 향했다.

| 작가의 말 |

  소설을 쓴다는 건 경험상 매우 효율이 떨어지는 일이다. 책을 (그것이 지긋지긋할 만큼 재미가 없어도) 끊임없이 읽어야 하고, 문장과 구성 훈련을 최소 몇 년 이상 해야 한다. 긴 시간을 들여 완성한 소설은 대부분 졸렬하기 짝이 없다. 운 좋게 작가가 되어도, 손바닥만 한 화면에서 소설보다 재밌는 것들이 무한대로 쏟아져 나오는 바람에, 가뜩이나 줄어든 독자는 더 줄어들 예정이다. 인공지능의 출현으로 미래마저 불투명하다.

  소설가란 도태종(淘汰種)이다.

  평생 신을 섬긴 수도자가, 근대가 시작되었다고 해서 신을 버리지 못하는 것과 같다. 솔직히 신보다 소설이 먼저 죽게 생겼다.

  그럼에도

  굳이

  기어코

  끝내

  사랑하는 이의 절박한 만류를 뿌리치면서까지

  소설을 써야겠다면

  여기 '내'가 '당신'의 위로가 되기를 바란다.

이상욱
2013년 『문학의 오늘』 소설 신인상 당선
2021년 소설집 『기린의 심장』 출간
2021년 엔솔러지 소설집 『숨쉬는 소설』 출간
웹북 『스탠다드맨』 『나는 소설의 신을 만났다』 출간

내 소설의 비밀병기: 활자카메라

―

이시경

―

1. 운명의 수레바퀴

거 참, 이상하네요.
네? 뭐가요?
40대 이후의 삶이 보이지 않아요.
네? 제가 죽는다는 말인가요?
글쎄요…… 그냥 검게만 보여요. 암흑처럼요.
그게 무슨 말이죠?
이상하네요. 암튼 건강관리 잘하세요.

한창 타로 카페가 생겨나던 시절이었다. 삼청동에 위치한 한 카페에서 타로점을 봤다. 자신을 회사원으로 소개한 타로사는 부업으로 타로를 봐준다고 했다. 그런데 내가 고른 타로카드를 한참 들여다보더니 고개를 갸우뚱했다. 암만해도 자신의 점괘가 시원찮다는 생각이 든 모양이었다. 대충 건강관리로 말을 둘러대며 그는 내게 마지막 카드 한 장을 보여줬다. 카드에는 커다란 수레바퀴가 그려져 있었다.

운명의 수레바퀴 카드예요. 회전목마처럼 도는 수레바퀴 보이죠? 인생도 마찬가지예요. 회전목마는 앞으로 돌지만 운명의 수레바퀴는 그렇지 않아요. 앞으로 돌았다가, 뒤로 돌았다가, 심지어 제 자리에 멈추기도 한답니다. 하지만 존버 정신으로 끝까지 버티세요. 언젠간 운명의 수레바퀴가 다시 움직일 날이 올 겁니다.

그는 꽤 유쾌한 편이었지만 점괘는 낙제점이었다. 당시 나는 그의 말을 귀담아듣지 않았다. 어차피 내가 듣고 싶었던 말은 따로 있었다. 곧 취직한다거나, 통번역 대학원에 입학한다거나, 혹은 결혼할 상대를 만날 거라는 등. 정작 내가 듣길 원했던 현실의 성공적인 삶에 대해 그는 아무 말도 하지 못했다. 카페를 나서며 친구와 초짜 타로사를 잘못 배정받았다며 툴툴거렸다.

세월이 흘렀다.

어느덧 나는 불혹의 터널을 지나게 되었다. 그즈음 나는 몇 차례 죽을 고비를 넘겼다. 심적으로도 그랬지만, 육체적으로도 그랬다. 내 삶을 비추던 빛들이 하나둘 꺼져갔다. 무엇이 문제였을까. 나는 아침에 눈을 뜨면서부터 밤에 잠이 들기 전까지 열심히 살았을 뿐인데. 하지만 내 삶은 밑 빠진 독에 물을 붓는 격으로 어디론가 흔적 없이 사라져갔다.

어느 순간, 내 삶의 모든 빛이 소멸되었다. 한번 전원이 꺼진 운명의 대관람차는 더 이상 내 의지로는 스위치가 작동되지 않았다. 사방을 둘러봐도 출구는 보이지 않았다. 한 발 잘못 내디디면 곧바로 낭떠러지로 직행할지 모른단 두려움이 엄습해왔다. 어둠이 점점 깊어갔고 완전한 암흑 상태에 이르렀다.

난생처음으로 '살고 싶다'는 생각이 간절해졌다.

2. 푸른 행성에서 온 기이한 포토그래퍼

암흑의 세상.

그곳에는 단 한 줄기 빛조차 비추지 않았다. 그렇게 산 지도 몇 년이 흘렀다. 그새 나는 그곳의 충실한 시민이 되었다. 암흑 세상의 시민답게 때가 되면 루저의 늪에 빠졌다가, 우울의 바다를 표류했다가, 분노의 화산이 되어 폭발했다가, 자살의 소용돌이에 휩쓸리기도 했다.

그곳에선 아무런 희망을 갖지 않는 것이 오히려 당연한 일처럼 여겨졌다. 남들은 저만치 앞서 달리는데 나만 뒤처진다는 불안감에 사로잡혔다. 하루살이처럼 찰나에 충실했으며, 내게 과거나 미래 따윈 부질없는 사치처럼 여겨졌다. 아무것도 보이지 않는 세상, 그럴수록 찰나에 대한 욕망은 눈덩이처럼 부풀어 올랐다.

그러던 어느 날이었다. 시간 가는 줄 모른 채 책상 앞에 앉아

멍때리는 시간을 보내던 중이었다. 어둠 속에서 누군가의 음성이 들려왔다.

-보이는 세상이 전부가 아니라오.

그 말에 나는 주위를 두리번거렸다. 여전히 보이는 건 아무것도 없었다.

-누구시죠?

나는 두려움에 떨며 물었다.

-내 말을 믿어줄지 모르겠소만, 내가 해 줄 수 있는 말은 단 하나야. 눈앞에 보이는 세상이 전부가 아니란 거지.

-지금 나한테 그 말을 믿으란 거예요? 세상이 눈에 보여야 세상이지, 그렇지 않고서야 어떻게 세상이라 부를 수 있단 말이죠? 그건 공상이나 망상 아닌가요?

-대부분의 사람들은 그렇게 말하지. 믿거나 말거나, 그건 당신의 자유야. 하지만 만일 이 암흑으로부터 탈출하고 싶다면 그건 내 말을 믿는 일로부터 시작될 거요.

암흑 탈출이란 말에 나는 귀가 솔깃해졌다.

-탈출이라고요?

-그렇소, 적어도 당신에게선 간절함이 느껴지는군.

주위를 두리번거리던 그는 내게 자신이 했다던, 암흑 탈출을 위한 일곱 가지 방법을 알려줬다.

첫째, 새벽 기상 (나는 원래 올빼미형이다)

둘째, 혼자만의 멍때리는 시간에 익숙해질 것 (혼자 있는 시간

이 조금 두렵다)

　셋째, 매일 만 보씩 걸을 것 (세상에서 제일 싫어하는 게 운동이다)

　넷째, 의미 없는 만남을 정리할 것 (나는 노는 것을 좋아한다)

　다섯째, 디지털 디톡스를 할 것 (습관적으로 폰을 본다)

　여섯째, 독서를 할 것 (학창 시절에 난독증이 있었다)

　그리고 마지막 일곱 번째를 언급하며 그는 내게 특이하게 생긴 사진기 하나를 내밀었다.

　-이게 뭐죠?

　-마지막 일곱 번째가 가장 중요하오. 그건 바로 '삶에 대한 기록'이지. 이건 '활자카메라 type camera'라는 건데, 좁은 구멍인이 핀홀을 통해 보이지 않는 삶, 혹은 삶 너머의 삶을 활자로 찍어내는 특수 사진기라오.

　그는 내 눈앞에 사진기의 투명한 스크린을 보여줬다. 그런데 여느 사진기와 그것은 너무나도 달랐다. 빨강, 파랑, 초록처럼 이미지를 구성하는 어떤 색깔도 보이지 않았다. 대신 작고 검은 개미 같은 것들이 꼬물꼬물 기어다녔다. 좀 더 자세히 들여다보니 그건 다름 아닌 검정 활자였다.

　그런데 그 순간 신기한 일이 내 눈앞에 펼쳐졌다.

　사진기 화면 속에는 또 하나의 세상이 있었다. 그곳에서 검정 활자들이 마구 살아 움직이더니 하얀 지면 위에서 각자 자리를 잡았다. 그러더니, 순식간에 하나의 이미지로 구체화되었다. 몇

날 며칠 마르지 않던 눈물이 푸르스름한 빛처럼 감돌더니 일순 푸른 모래가 바다처럼 뒤덮인 사막이 보였고, 그곳을 터덜터덜 걷는 한 사람의 모습이 보였다. 그 광경이 점점 환해지더니 주변을 푸른빛으로 감쌌다. 사진기의 화면으로부터 새어 나오는 푸른빛이 암흑 속을 희미하게 비췄다.

 -푸른 행성이라오.

 -네?

 -내가 태어난 곳이지.

 -이런, 미……

하마터면 미친놈이라고 할 뻔했다. 하지만 그가 하는 말은 예사롭지 않게 들렸고, 나는 그의 말을 좀 더 들어보기로 했다.

 -인생은 스스로 자신의 존재를 증명하는 것 외에 다른 길이 없다오. 더구나 이런 암흑 속에선 더더욱 그렇지. 내가 푸른 행성 출신인 걸 예전에는 말로만 떠들어댔더니 사람들이 나를 미친놈으로 생각했소만, 이렇게 활자사진기로 내가 본 것을 기록하고 증명하니 사람들이 나를 믿어주더란 말이지. 그거야말로 내 실존을 증명해 주는 일 아니겠소?

 -잠깐만요. 그런데 그게 암흑 탈출이랑 무슨 상관이 있는 거죠?

 -알아둘 게 있소. 지금 당신이 있는 곳은 암흑 세상이 아니오. 우린 폭주 열차에 오른 거요. 세상이 암흑천지인 까닭은 우리의 욕망을 연료로 달리는 인생 열차가 너무 빨라서 그런 거야. 암, 빨라도 너무 빠르지. 그래서 아무것도 볼 수 없고, 아무것도 보이

지 않는 거야.

　어둠 속에서 그가 주섬주섬 무언가를 꺼내는 소리가 들렸다.

　―이젠 멈춰야 할 때가 왔어. 그래야 이 암흑천지에서 탈출할 수 있소. 이 사진기의 핀홀을 통해 스며드는 한 줄기 빛이 그 통로가 되어 줄 기요.

　―제가 뭘 해야 되죠? 저는 검은 활자만 봐도 속이 울렁거려요. 어릴 때 난독증이 있었거든요. 검정 활자가 꼭 하얀 사막 위에서 개미 새끼들처럼 꼬물꼬물 기어다니는 것 같아요. 서, 설마 나보고 활자를 직접 입력하라는 건 아니겠죠?

　―암, 그렇진 않소. 당신이 할 일은 다만 활자사진기 안을 집중해서 '관찰'하기만 하면 된다오. 카메라가 제대로 작동되려면 시간이 좀 걸릴 테지. 하지만 조만간 당신 내면에 숨겨진 삶의 풍경이 하나의 피사체처럼 상으로 맺힐 거요. 상의 초점이 점점 또렷해지면, 당신이 말하는 검정 활자가 일제히 깨어나 일개미처럼 저절로 움직일 거요. 그때 손가락 열 개만 잠시 빌려주면 된다오.

　―그러면 그건 시인가요? 소설인가요? 아니면 동화? 저는 개인적으론 시가 짧아서 좋은데요. 아니면 동화라도……

　―자꾸 따지거나 묻지 마시오. 그것이 어떤 경로로 형상화될지는 아무도 알 수가 없소. 심지어 자신조차도. 시든, 소설이든, 동화든, 뭐가 그리 중하오? 자기 삶에 숨겨진 풍경이나 즐기면 될 것을, 쯧쯧.

　그는 내게 활자사진기를 건네주었다. 그 말을 끝으로 순식간에 그는 어둠 속으로 사라졌다.

3. 카메라 옵스큐라로부터의 탈출

'어두운 방 한가운데, 한 줄기 빛이 스며들었다······.'

그것은 내 생애 최초의 기록이었다. 학창 시절 의무감에서 쓰던 일기나 좋은 학점을 받기 위해 작성한 리포트, 더더구나 어떤 의도를 갖고 쓴 시나 소설도 아니었다.

내게 활자카메라를 건네고 사라진 존재의 말은 거짓이 아니었다. 처음엔 그가 헛소리나 지껄이는 작자라 여겼다. 극도로 현실주의자였던 나는 일단 속는 셈 치고, 여러 날을 노트북 앞에 앉아 활자카메라의 핀홀을 들여다보았다.

그러던 어느 날, 내게 기적과도 같은 일이 일어났다.

어두운 방 한가운데, 활자 사진기의 좁은 핀홀을 통해 한 줄기 빛이 스며들었다. 그 빛은 맞은편 벽면에 가 닿았고, 그러자 하얀 벽면에 흐릿한 영상이 잡히기 시작했다. 두 눈을 감고 그 영상에 집중했다. 그러자 그간 내가 알던 세상이 전혀 다른 차원으로 재해석되었다. 보이지 않던 삶의 모습들이 새롭게 보이기 시작한 것이다.

어린 시절 망각 속에 묻어둔 기억들이 새로운 빛으로 되살아났다, 눈앞에 보이는 찰나의 순간이 내가 알던 것과는 전혀 다른 역상으로 맺혔다. 과거와 현실, 그리고 미래가 상하좌우로 오버랩되면서 또 다른 시공간으로 확장되었다.

흔히 우리가 아는 사진, 즉, 포토그래피(photography)가 '빛(phos)으로 그리다(graphos)'를 뜻한다면, '활자카메라'에는 '활자'의 기능이 추가되어 있었다.

활자카메라를 내게 건넨 기이한 존재를 만난 이후 나는 180도 변했다. 무엇보다 평생 제도권 내에서 학습에 의해 무의식적으로 주입되어진 '활자'에 대한 인식이 완전히 깨져버렸다. 그럼으로써 현실을 바라보던 내 인식의 민낯과 마주하게 되었다. 그동안 '활자'에 대해 지녀온 내 인식의 무지몽매함이 스스로 부끄러워졌고, 그로 인한 세상과의 소통 부재를 떠올릴 때마다 간간이 오열이 터져 나오기도 했다.

이후 나는 매일 노트북 앞에 앉아 활자카메라를 들여다보았다. 그렇다고 매일 활자사진기가 제대로 작동되는 것은 아니었다. 아무것도 보이지 않거나, 단 한 줄도 써지지 않는 날이 대부분이었다. 하지만 과거 타로사의 말처럼 '존버 정신'으로 무작정 버티다 보면, 때때로 세상에 단 하나뿐인 대어가 낚이는 것처럼 경이로운 경험을 하기도 했다.

그렇게 그날그날의 일상을 매일 기록하는 삶을 살게 되었다. 어느덧 육 년이라는 시간이 흘렀다. 그 사이, 내가 썼던 글들은 조금씩 형태가 잡혀갔다. 애초 내가 쓰고 싶었던 것은 시였으나, 정작 내가 써야 할 글은 나의 의도와는 전혀 다른 방향으로 흘러갔다. 어느 순간, 내 글은 소설이라는 태를 갖추게 되었고, 정확히 삼 년이 되던 해 비로소 나는 소설에 입문했다. 그리고 칠 년째 되던 해, 2023년에 나는 등단했다.

나의 등단작인 '데스밸리 판타지'는 푸른 도마뱀이 모티브인데 오랜 시간 활자카메라 안에서 부화된 판타지였다. 최초 이야기의 발화지점을 돌이켜 보니, 어쩌면 푸른 도마뱀의 정체는 푸른 행성에서 왔다던 그 존재가 자신의 행성으로 돌아가면서 활자카메라 안에 심어놓고 간 메타포의 씨앗이 아닐까 싶기도 했다.

4. 하프돔

> 위대한 사진이란 가장 깊은 의미에서
> 피사체에 대해 느끼는 감정의 완전한 표현이고
> 그럼으로써 삶 전체에 대하여 느끼는 감정의 진정한 표현이다.
> (안셀 아담스 Ansel Adams, 1902~1984)

빛의 마에스트로.
안셀 아담스는 현대 사진계의 거장이다. 그는 빛의 원리를 직관적으로 이해하고 분석하며, 카메라와 렌즈의 기본 원리에 충실히 따르며, 자신만의 독특하고 몽환적인 세상을 사진 속에 구현해 낸다.
그가 최초로 찍은 사진은 요세미티 하프돔이다. 그는 주로 대자연을 피사체로 사진을 찍곤 했다. 그의 하프돔 사진을 보노라면, 정지된 피사체에 불과하던 하프돔이 현재의 시공간 속에서 되살아나 시시각각 변화하는 빛에 조응하며 또 다른 시공간의 차원으로 확장되어진다. 그러한 빛의 서사는 보는 이에게 또 다른 감성의 환기를 불러일으킨다.

> 알맞은 빛과 누구나 공감하는 배경을 가진
> 그저 아름다운 물체였던 것이지.
> (안셀 아담스, 장미와 유목, 샌프란시스코, 캘리포니아, 1932)

단 한 송이의 장미를 찍는 작업 과정에서 그가 남긴 말이다. 그에게 있어서 대단한 사진이란 존재하지 않았다. 가장 기본인 빛, 물체, 그리고 배경의 세 요소만 있다면 그는 사진 속에서 어떤 이미지라도 완벽한 서사로 구현해 낼 수 있었다. 가장 단순한 것이 진리라는 말을 사진으로 증명해 낸 셈이다.

> 필름은 악보이며 사진은 연주이다.
> (안셀 아담스)

한때 음악가를 꿈꿨던 그는 세상을 향한 자신의 언어를 달리했다. 결국 사진도, 음악도, 미술도, 또한 문학도, 그 형태만 다를 뿐, 본질은 이야기성에 달려있다. 이는 나와 타자他者라는 각기 다른 두 세계를 서로 이어주는 연결고리가 되어준다.

빛, 물체, 그리고 배경.

이것을 소설에 적용해 보면, 소설의 이야기성에도 동일하게 적용된다. 다만, 사전적 용어만 달리하는데 소설의 경우 주인공, 사건, 배경이다. 한 가지 흥미로운 점은, 소설의 주인공이 사진의 피사체에 해당된다면, 소설의 사건은 결국 빛의 영역에 해당하지 않을까, 라는 생각이다.

5. '나', 활자개미의 출현

밤 11시 11분.

한 시간째, 나는 소설을 쓰기 위해 노트북 앞에 앉아 있었다. 그러나, 나는 소설에 도무지 집중할 수 없었다. 바야흐로 내가 쓰려던 소설은 발단을 지나 본격적인 전개에 접어들고 있었다. 하지만 당초 설정해 두었던 주인공은 어디로 사라진 건지 도무지 존재를 드러내지 않고 있었다. 어쩌면 이 소설의 주인공은 내 예상을 완전히 벗어난 인물일지도 모르겠다는 초조함이 밀려왔다.

에라, 그냥 잠이나 잘까.

한밤중 망망대해에 낚싯대를 던져놓고 입질 없는 찌를 관망하는 낚시꾼처럼 나는 서서히 지쳐가고 있었다. 초월적 경지는 소설보다 카페인에만 적용되는 것 같았다. 아무리 밤늦게 커피를 마셔도 나는 언제든 잠을 잘 수 있는 경지에 이르러 있었다. 밤이니 양심은 있어야지, 아메리카노에 따끈하게 데운 우유를 탄 라떼를 홀짝였다. 어느새 시간은 자정을 지나 있었다. 여전히 미지의 주인공은 내 소설의 미끼를 물지 않았고, 지친 나는 잠시 두 눈을 감았다. 그와 동시에 최근 지속적으로 나를 사로잡고 있던 잡생각이 다시 밀려들었다.

그것은 인간관계에 관련된 것이었다. 그 중 가족 관계를 보자면, 가족 구성원은 전체적으로 사랑이라는 공분모를 갖지만 개별적으로는 서로 다른 관계의 값을 갖는다. 밀착된 관계일수록 서로를 힘들게 할 확률이 높다. 그렇다고 그러한 관계의 역학 구도가 늘 일정한 것은 아니다. 총량은 변함이 없어 보이는데 대상만 달라지는 것이다. 결국, 문제의 핵심 키를 쥐고 있는 사람은 바로 '나' 자신이다.

오후에 두 명의 지인들과 나눴던 대화가 떠올랐다. 이상하게도 각자 화법만 다를 뿐, 그들이 내게 털어놓은 고민 또한 나와 본질적으로 다르지 않았다. 대화 끝에 나는 그처럼 떼려야 뗄 수 없는 관계를 붉은 장미 줄기에 들러붙은 가시처럼 '사랑에 접착된 혹'과도 같다는 결론에 이르렀다. 사랑은 행복의 원천이 되기도 하지만 고통의 원천이 되기도 한다. 평생 이러고 살아야 하는 건가? 진심 그러고 싶지는 않다. 그냥 포기하고도 싶다. 하지만 그럴 수도 없다. 왜냐면 그걸 떼어내고 나면 아마 내가 먼저 죽을 수도 있기에.

나는 테이블 위를 정리했다. 노트북 전원을 끄고 침대로 가서 자리에 누웠다. 어두운 방, 삶이란 망망대해를 홀로 떠도는 고독한 항해나 다름없었다. 스르르 눈이 감겼다.

그렇게 얼마간 시간이 흘렀다.

꿈인 듯 현실인 듯 찰나의 순간, 나는 깊은 심연에 빠져든 것처럼 이상한 기분이 들었다. 놀이동산에서 롤러코스터를 탈 때처럼, 훅하고 심장이 아래로 떨어지는 것 같았다. 그때였다. 비몽사몽 와중에 내 다리를 타고 무언가 꼬물꼬물 기어올랐다.

　잠결에 감각이 느껴지는 부위를 손으로 탁, 소리 나게 쳤다. 하지만 그것은 여전히 꼬물거리며 내 종아리를 절벽처럼 타고 기어올랐다. 나는 숨을 죽인 채 가만히 손을 그 부위로 가져갔다. 그리곤 내 종아리에 붙은 벌레 가까이 손바닥을 가져갔다. 다음 순간 다시 한번 탁, 소리 나게 내리쳤다.

　동시에 나는 침대 옆 협탁에 놓인 스탠드 불을 켰다. 그러자 작고 검은 벌레 같은 게 하얀 침대보 위에 떨어진 게 보였다. 그것은 죽지도 않은 채 작고 기다란 막대처럼 생긴 몸을 이리저리 비틀며 꿈틀거렸다.

　나는 양미간을 모은 채 유심히 그것을 관찰했다. 그것은 기다란 막대 세 개와 짧은 막대 하나가 겹친 모양의 벌레처럼 처음 보는 종류였다. 개미인가 싶었지만, 자세히 보니 개미도 아니었다. 난생처음 보는 기이한 생김새에 소름이 돋아 나는 멀뚱멀뚱 두 눈만 끔벅거렸다.

　그때였다.

　-뭘 그렇게 쳐다봐?

　-어라?

　가느다란 소리로 그것이 내게 말을 걸어왔다.

　-벌레가 말을 하네?

　화들짝 놀란 내가 혼잣말하자, 그것이 다시 이렇게 말했다.

-벌레라니? 난 벌레가 아니야.

-벌레가 아니라고? 그럼 뭔데?

꿈을 꾸는 건가 싶은 마음에, 나는 엄지와 검지를 집게처럼 맞잡아 그걸 집어 들었다.

-난, 나야. 별명은 활자개미.

-헛.

가만히 들여다보니 그것의 형태는 정말 'ㄴ'과 'ㅏ'로 이루어져 있었다.

스스로를 활자개미라 자칭하는, '나'에 의하면 원래 자신이 사는 세상은 (인간의 의식이 닿지 않는 곳으로 인간은 그곳을 무의식의 세상이라고 부른다 했다) 과거와 현재와 미래가 빛으로 조율되는 곳이라 했다. 그 세상의 한가운데에는 과거 거대한 이야기 산이라 불리는, 정상조차 보이지 않는 큰 산이 있었다. 그 산은 지금 스러지고, 하프돔이라는 절벽만 남았다고 했다.

절반가량 뚝 잘려 나간 하프돔에는 삐죽한 암벽들이 가시처럼 돋아나 있는데, 좀 위험하긴 해도 그곳엔 '현재'라 불리는 선홍빛의 꽃이 자라나 있다고 했다. 너무 달달한 나머지 계속 꽃의 꿀을 빨다가 자신도 모르게 그것에 중독되었는데, 갑자기 빛의 착란으로 인해 발을 헛디디고 하프돔 절벽 아래 낭떠러지로 굴러떨어졌다고 했다. 이후 어떤 인과 때문인지는 알 수 없으나, 절벽에서 굴러떨어지는 순간 내가 있는 차원으로 쏙 들어와 버린 거였다.

활자개미는 자신의 입가에 묻은 '현재'라는 꿀을 쪽쪽 빨면서 입맛을 다시더니 이렇게 말했다.

-과거는 너무 진해서 그런가, 우웩, 너무 써. 미래는 그보다 더 심각한데 너무 밍밍해서 뭔 맛인지 알 수가 없어. 그럴 땐 조미료를 팍팍 넣어야 해. 난 달달한 현재가 젤 좋아.

활자개미는 그래도 후회는 없다고 했다. 자신이 사는 세상에는 자신 이외에 또 다른 '나'라 불리는 존재들, 즉 활자개미들이 수를 헤아릴 수 없을 정도로 무수히 존재한다고 했다. 그 존재들은 마치 지구상에 있는 개미들처럼 하나의 거대한 네트워크로 연결되어 있는데, 일개미도 개미이고, 여왕개미도 개미이고, 붉은 개미도 개미이고, 검은 개미도 개미이듯, 활자개미들 또한 각자 생김이나 모습은 달라도 모두 '나'라고 했다.

-내가 사는 세상의 활자개미 수는, 아마 지구상에서 과거에 죽었던 개미와 현재에 생존한 개미와 미래에 태어날 개미를 모두 합친 수보다 몇 곱절 더 많을걸?

나는 이 이상한 존재와 대화를 나누다가 번쩍 드는 생각이 있었다. 혹시 내 소설의 주인공이 바로 요 녀석은 아닐까? 피식, 말도 안 된다는 생각에 헛웃음이 났지만 나는 활자개미에게 이렇게 물어봤다.

-너 혹시 내 소설의 주인공이 될 생각은 없니?

그 말에 활자개미는 곰곰 고민하더니, 어차피 자기도 갈 곳 없이 떠도는 처지라며 그러겠노라고 대답했다.

-그런데 한 가지 제의가 있어. 세상에 공짜란 없거든.

-뭔데?

-달달한 게 필요해.

-그거야 뭐 껌이지.

나는 약간의 거짓말을 첨가했다. 활자개미는 쉽사리 속아 넘어갔고 이로써 우린 서로 비즈니스 관계를 맺으며 합의서를 작성했다.

하나, 나(활자개미)는 평생 내 소설의 주인공이 되어준다
둘, 나는 평생 나(활자개미)에게 달달한 이야기를 제공한다

나는 다시 책상에 가서 앉아 노트북의 전원을 켰다. 약속대로 활자개미는 노트북 화면 안으로 쏙 들어갔다. 화면 속에 '나는'으로 시작되는 글자 뒤에 커서가 깜박거렸다. 갑자기 무언가 생각난 듯 활자개미가 이렇게 말했다.
-잊지 마, 난 달달한 게 좋아!

6. 활자 전쟁에 관한 단상

소설을 쓰기 전에 활자개미와 나는 이야기 부화의 시간을 가졌다. 그건 주인공과의 조율을 통해 소설에 대한 견적을 내는 과정과도 같았다. 주인공이 될 대상인 활자개미는 소설의 제목을 '활자 전쟁'이라고 정했다. 나는 활자 카메라를 작동시켰고, 그러자 그것은 하나의 피사체가 되어 형상으로 자리잡아갔다.
나: 주인공 이름은 뭐라고 할까?

활자개미: 그냥 나라고 하자. 내 경험이 바탕이 되는 자전적 소설이니까.

나: 좋아. 그럼 일인칭 주인공 시점인 거네. 성별이나 나이는?

활자개미: 지금 내가 하려는 얘기는 딱히 그런 설정이 필요 없어. 오히려 성별이나 나이가 정해지면 활자라는 고유한 상징적 의미가 퇴색될지도 몰라. 활자, 그 자체가 캐릭터가 되면 좋겠어.

나: 그럴 수도 있겠네. 그런데 독자가 공감하려면 성격이나 특징 같은 설정은 필요해 보여.

내 말에 활자개미는 잠시 생각에 잠겼다. 그러더니 이렇게 말했다.

활자개미: 음, 그럼 댄디한 활자개미라고 불러줘. 언젠가 들었던 말인데 내 워너비야.

활자개미 말에 나는 잠깐 노트북 화면에서 다른 창을 띄워 '댄디'를 검색했다. 그러자, 그 말을 처음 문학에서 사용한 사람이 보들레르라고 나왔다.

나: 보들레르는 이 용어를 통해 내적인 삶의 충실함에 대해 말했어. 말하자면, 예술가적 모랄이랄까.

활자개미: 빙고! 예술가적 모랄까지는 잘 모르겠지만 내적인 충실함, 요건 딱 좋아.

그렇게 활자개미의 정체성은 일차적으로 '댄디함'이라는 단어 하나로 압축되었다.

우선, 우린 1차 작업을 통해 캐릭터, 플롯, 그리고 배경에 대해 구상하는 작업을 간단한 스케치 정도로 하기로 했다. 추후 2

차, 3차 등의 심화 작업을 통해 디테일 부분들을 완성해 나가기로 했다.

나: 일단, 캐릭터는 이 정도로 해두자. 활자개미라는 존재에 대해선 활자전쟁 이야기를 좀 더 들어본 이후에 디테일을 보강하자. 근데 네가 이 이야기하려는 의도는 뭐야? 최초 이야기 발화지점을 알려 줘.

활자개미: 최초 이야기 발화지점은 잿빛 하프돔에 피어있는 붉은 꽃이야. 그 꽃은 아주 작지만 먼 거리에서도 눈에 확연하게 보여. 빨강은 빛 중에서도 가시거리가 가장 길거든. 근데 내가 그걸……

잠깐 활자개미는 말을 잇지 못했다. 그러다 다시 말을 꺼냈다.

활자개미: 사실 내겐 고통스러운 이야기이기도 해. 알고 보면 고통과 쾌락은 동전의 양면처럼 양가적인 면을 갖는 거니까.

나: 그렇겠지. 참, 배경 설정을 위해서 네가 살았던 세상에 대해 말해 줄 수 있어? 소설이 현실적 개연성을 가지려면 보다 디테일한 시공간 설정이 필요해.

내 말에 활자개미는 배경 설정에 관한 보다 구체적인 이야기를 시작하려 운을 뗐다. 하지만 무슨 연유인지, 활자개미의 초점이 흐트러졌다. 그 바람에 나는 초점을 맞추는 데 무지 애를 먹게 되었다.

문제는 기본으로 장착된 활자카메라의 렌즈에 초점이 흔들리는 것이었다. 아무리 초점을 맞추려 해도 피사체의 모습이 왜곡되는 현상을 보였다. 좀 더 초점을 맞추기 위해서는 감성의 조도를 지금보다 풍부하게 투과시키는 렌즈가 필요했다. 나는 '판타지 렌즈#2'라고 적힌 다른 렌즈로 교체했다. 그러자 활자개미는 보다 선명하게 초점이 잡혔고 그때부터 봇물 터진 듯 자신의 이야기를 쏟아냈다.

활자개미: 내가 사는 세상은 아마 지구와 몇억 광년쯤 떨어진 행성이거나 혹은 지구와 완벽하게 겹쳐진 홀로그램 세상일지도 몰라. 믿거나 말거나 활자 세상은 분명 실재하는 곳이야. 다만 네 눈에 보이지 않을 뿐이지. 그곳엔 무한수의 활자개미들이 존재해. 지구와 완벽하게 겹쳐진 홀로그램은 빈말이 아니야. 활자개미의 생태나 습성은 지구에 사는 개미의 그것과 거의 동일하거든. 다만 한 가지 차이점은 둘의 먹잇감이지. 개미는 이런저런 부스러기를 먹고 살지만, 활자개미는 이야기의 부스러기인 활자를 먹고 살거든.

나: 그런데 궁금한 게 있어.

활자개미: 뭔데?

나: 그냥 활자개미라고 하면 될 텐데 왜 나라고 불러?

내 말에 활자개미는 너털웃음을 터뜨렸다.

활자개미: 그러니까 나도 너이고 너도 나이지. 이론적으론 부분이 전체가 되는 동시에 전체가 부분이 되는 프랙탈 구조를 갖는 셈이야. 그건 네가 사는 세상이나 내가 사는 세상이나 똑같은 원리로 적용돼.

나: 그런데 넌 왜 하프돔이라는 델 가게 됐어? 하필 그런 절벽에 말야.

활자개미: 그 전에 거대한 이야기 산에 관한 이야길 좀 해야겠어.

나: 거대한 이야기 산? 잘 상상이 안 되는데 이럴 때 소설에서는 비유적 표현이 유용하게 쓰일 수 있어. 비유적으로 말해 봐.

활자개미: 말하자면 그건 흰개미 집에 비유할 수 있어. 사막 한가운데 우뚝 솟은 흰개미 집을 실제로 본 적 있니? 나도 사진으로만 봤지. 네 키보다 훨씬 높은 구조물이 마치 개미 왕국에 위치한 높은 산처럼 서 있어. 그 산이 존재하는 한, 개미 왕국은 건재할 수 있지. 어느 곳에서나 볼 수 있는 거대한 개미집은 하나의 이정표가 되거든. 그 때문에 개미는 길을 잃지 않는 거야.

그 순간 나는 그것과 동일한 이미지로 저장된 기억 하나를 떠올렸다.

나: 예전에 미서부를 횡단했을 때가 문득 떠오르네. 데스밸리에서 요세미티로 넘어가는 고속도로를 달리던 중이었어. 도로는 하나로 곧게 나 있는데 저 멀리 거대한 산이 하나 보였어. 아무리 달려도 길은 끝이 보이지 않았지. 그런데 신기한 건, 그 산과의 일정한 거리감이었어. 아무리 속력을 높여도 그 산과의 거리가 항상성이 유지되며 줄지도 늘지도 않는 거야. 지금 생각해도 신기해. 그렇게 한참을 달리다가 밤이 돼서야 자이언트 세쿼이아 군락이라 불리는 숲에 당도했지. 그 숲 사이로 올려다보이는 별빛은 정말 환상적이었지.

활자개미: 맞아, 정확히 이해하는군. 거대한 이야기 산도 말하자면 그런 거야. 네가 본 광경이 바로 빛의 서사로 불리는 거야.

나: 계속해 봐.

활자개미: 그런데 언젠가 이야기의 뿌리만 파먹고 사는 독침을 가진 개미 종족이 대규모로 출현했어. 그로 인해 거대한 이야기 산의 뿌리가 서서히 썩어들어가는 상태에 이르렀지. 그때 간신히 남은 것이 하프돔이야. 날이 갈수록 거대한 이야기의 뿌리가 바스러지면서 서서히 산은 빛을 잃어갔어. 우리가 먹을 수 있는 활자 부스러기는 씨가 말라갔지. 먹이를 제대로 먹지 못한 활자개미들이 속출했고, 심지어는 몸빛이 투명하게 변해버린 유령개미(Ghost Ant: 투명한 배를 지녔으며, 먹이의 색에 따라 배가 각각의 색으로 변함)까지 등장했어. 급히 새로운 대책이 강구됐지. 거대한 이야기 산을 재건하기로 말이야. 그 과정에서 제도상 기술자에 해당하는 일개미가 두 부류로 나뉘었어.

나: 어떻게?

활자개미: 응, 이야기를 축조하는 기술상의 기준으로 감성과 이성이 제시되었어. 어느 곳이든 제도는 반드시 필요한 법이지. 일개미는 그냥 하란 대로 따르는 수밖에. 그리하여, 하프돔에 핀 선홍빛 꽃잎으로부터 추출된 단맛이 주입된 개미는 감성개미로 불렸고, 산 정상에 덮인 푸른빛 얼음으로부터 정제된 찬 맛이 주입된 개미는 이성개미로 불렸어. 거의 대부분 개미들이 일개미로 재건 현장에 투입됐지. 이도 저도 아닌 경우엔, 여전히 자신의 몸빛이 없는 유령개미로 살아갔어. 그런데 유령개미들은 너무 굶주린 탓에 이야기 조각이라면 이것저것 가리지 않고 환장하듯 먹어치웠어. 그런 중독된 습성 때문에, 어떨 땐 아주 화려한 홀로그램 색으로 몸빛이 변하기도 하지.

나: 어쩌면 인생은 모든 게 중독이 아닐까? 소설을 쓰는 것조차 말이야.

활자개미: 정말 그렇다면 소설 쓰기는 각별한 중독에 해당되겠지.

나: 그런데 넌 왜 하프돔의 붉은 꽃에 중독된 거야?

활자개미: 그전에 활자 전쟁에 관한 얘길 하려고 해. 수십 년 동안 일개미들은 죽어라 일만 했어. 감성개미는 달달한 이야기를, 이성개미는 냉철한 이야기를 쌓아 올렸어. 어떤 면에서는 자신에게 익숙한 알레고리가 보다 효율적일 수도 있겠지. 하지만 문제는 그다음부터였어. 그들이 쌓아 올린 이야기는 각자의 진영처럼 굳혀졌고, 그 사이에서 균열이 생겨났어. 서서히 골이 깊어지는 균열로 인해 어떤 빛도 깊은 뿌리에까지 닿을 수 없었지. 거대한 이야기 산은 마치 거대한 무덤처럼 빛을 잃어갔어. 거대한 이정표가 사라져 암흑에 잠긴 세상에서 하나둘 죽어가는 개미가 속출했어. 다시 살던 곳으로 되돌아가려다 길을 잃고 스스로 목숨을 끊는 개미들도 생겨났어.

나: 흠……

활자개미: 어느 날부터인가 감성개미와 이성개미는 완전히 다른 별개의 종족으로 분리되었어.

활자개미의 이야기는 내게 묘한 공감을 불러일으켰다. 나는 점점 활자개미의 말에 몰입했다.

활자개미: 그들은 자신이 익숙한 이야기에만 극도로 중독된 상태였지. 그들은 서로 원수처럼 으르렁거렸어. 나는 맞고, 너는 틀

려! 그것은 비단 원수에만 국한되지는 않았어. 친구, 연인, 가족 혹은 남녀노소를 가리지 않았어. 그들의 대립이 극단으로 치달을 즈음, 대규모의 활자 전쟁이 발발한 거야. 그때 내게도 피할 수 없는 결정의 순간이 왔어. 넌 누구 편이야? 라는 선택적 물음 앞에 서야 하는 순간.

그 순간 내겐 과거 한 장면이 데자뷔처럼 떠올랐다.

나: 내게도 비슷한 경험이 있어. 우린 그걸 문이과 전쟁이라고 불렀어. 양극단의 감성과 이성이 팽팽한 진영으로 맞서 서로 대립하지. 현재로선 일단 이과의 승리야. 최근 문과 진영의 출혈이 큰 것만 봐도 그래. 그건 우리 부모님 세대나 내 세대에서도 마찬가지야. 그 때문에 나는 어린 시절, 부모님이 싸울 때마다 양극단으로 치닫는 세상 속에서 늘 혼란스러웠어. 감성은 이성에 대해 자기밖에 모르는 냉정하고 이기적인 인간으로, 반면 이성은 감성에 대해 절제도 모르는 무능하고 찌질한 감정적인 인간으로 서로를 비난했지.

활자개미: 어떤 상황에 처했을 때, 서로 소통하기 위해서는 무엇보다 그 상황에 대한 언어적인 데이터가 중요해. 우린 이 작업을 통해 기억의 공분모를 가질 수 있어. 기억은 데이터와 같아서 공통된 분모가 커질수록 세상을 이해하는 방식도 보다 다양해지지. 그렇게 되면 우린 미래를 위한 또 다른 이해의 값을 가질 수 있어.

나는 카메라를 들여다보며 렌즈를 이리저리 돌리며 미세한 기능을 추가했다. 과거의 내 경험을 떠올리며 최대한 그 기억에 몰입했다. 그리곤 렌즈 기능에서 감성의 조도는 최대한 살리고 이성의 채도는 최대한 낮추었다. 그러자 활자개미가 좀 슬프게도 보였다.

 활자개미: 너는 누구 편이냐는 물음에 대답을 종용받았을 때 나는 몸빛이 제대로 형성되기도 전이었어. 아직 어린 나이에 불과했지만 어느 쪽으로든 결정을 내려야 했어. 하지만 나의 자의식은 선택이 곧 반편이 같은 불행하고 비참한 생의 시작이 될 거라는 걸 직감했어. 어느 한쪽 편이 되어 주입과 세뇌 속에서 생을 절반만 살게 되는 거…… 어느 쪽으로도 결정을 내리지 못한 나는 마침내 그곳을 떠나기로 결심했어. 이건 참고할 내용인데, 당시 내 손에는 이정표가 되어 줄 지도 하나가 들려 있었어. 그건 내 고조부가 남긴 것인데, 과거 거대한 산이 건재했을 당시 직접 그곳에 다녀온 그가 손수 하프돔에 이르는 길을 그린 지도였어.

 그 말을 마지막으로 활자개미는 지친 듯 더 이상 말을 하지 않았다. 활자개미 옆에 희미한 초점의 상이 하나 잡혔다. 그가 말한 지도처럼 보였다. 흐릿하지만 지도상에 빨강, 파랑, 초록으로 이루어진 빛의 삼원소가 희미한 경로처럼 떠 있었다. 이 지점에서 우린 1차 작업을 끝내기로 했다.

7. 활자개미가 남긴 것

 활자개미와의 작업은 한나절 동안 계속되었다. 장시간 작업에 지친 나는 허리가 뻐근해져 커피를 마시러 외출했다. 아주 짧은 시간에 불과했지만 나는 커피전문점에서 집으로 돌아오던 중 알 수 없는 불길한 예감에 휩싸였다. 혹 활자개미가 그새 어디론가 사라져 버린 건 아닐까.

내 예상은 그대로 적중했다. 다시 집에 돌아왔을 때 노트북 화면에는 그가 마지막으로 남긴 '…… 그가 손수 하프돔에 이르는 길을 그린 지도였어'라는 진술문 옆에 작은 커서가 무미건조하게 깜박거리고 있었다.

더 이상 활자 카메라는 작동되지 않았다. 아무리 들여다봐도 화면은 먹통이었다. 어디에도 활자개미는 보이지 않았다. 다만 아주 흐릿한 초점으로 지도 위에서 하프돔까지 이르는 경로가 불안정하게 어른거리고 있었다.

-댄디한 활자개미라 불러줘.

활자개미의 말이 뇌리에 맴돌았다. 왜 그는 내가 에세이를 쓰려던 시점에 나타났다 다시 사라진 걸까. 사실 애초에 내가 구상한 에세이는 보다 근사한 내용에 가까웠다. 하지만 그것을 미처 의식할 겨를도 없이 활자개미 때문에 그 경로가 완전히 틀어져 버렸다. 하지만 나는 그것을 예정된 일로 받아들였다.

어쩌겠는가.

그것은 곧 내 안에 내재된 뿌리 깊은 화두로 이어졌다. 어쩌면 이 에세이는 처음부터 활자개미를 위해 탄생한 걸지도 모르겠다. 처음 내가 쓰려고 기획했던 의도와 완전히 다른 방향으로 에세이가 진행되는 걸 지켜보면서 나는 의식의 세계가 낯설게 드러나는 과정을 지켜보았다. 내가 드러낸 게 아니라 나를 통해 드러난 이야기의 실체. 잠깐 관찰했던 활자카메라 속에서 포착된 한 존재, 그리고 그가 내게 들려준 이야기의 핵심은 무엇인가.

존재를 이해한다는 것.

그것은 우주를 아는 것만큼이나 어렵고 힘든 일이다. 하지만 활자카메라의 세계를 통해 나는 이 세계에 대한, 차원에 대한 이해의 관문을 넓혀왔다. 그런 의미에서 내 관찰의 피사체가 된 활자개미는 과거인 동시에 현재, 현재인 동시에 미래의 나일지 모른다. 나의 또 다른 나, 다중우주의, 가상 세계의, 메타버스의, 판타지 속의 나…… 실체가 밝혀지지 않는 한 상상력의 우주는 무한 팽창할 것이다.

오늘도 나는 활자카메라를 들여다본다. 흑백 배경의 3차원 세상에서 빨강, 파랑, 초록의 세 가지 빛이 때로는 조화롭게 때로는 불안정하게 쉼 없이 눈앞에 어른거린다. 나는 나만의 비밀병기를 들여다보며 또 다른 '나'가 살고 있을 낯선 세상으로 길을 떠난다. 활자카메라가 기능을 다하고 활자개미가 수명을 다할 때까지, 이 멋진 여정이 끝나지 않기를!

| 작가의 말 |

  사실 나는 내 소설이 어떤 의식적 경로를 통해 만들어지는지 잘 알지 못한다. 그런 것에 관한 언급을 한다는 것 자체를 나는 상상할 수 없다. 다만 어떤 이미지가 내 의식의 중심에 형상화되어 있다는 생각을 오래전부터 해왔고, 그것이 '활자카메라' 같은 것이라고 유추하고 있다. 신기하지만 그와 같은 의식과 무의식, 구상과 비구상 사이의 어느 지점에선가 나의 소설은 잉태되고 생장하고 이윽고 분만된다. 그 경로가 나에게는 일종의 오컬트이지만 그것 자체를 즐기는 경향도 나에게는 있는 것 같다. 이유가 어떠하든, 창작이 고통스러운 작업이 아니고 즐거운 작업일 수 있다는 게 얼마나 다행스러운 일인가.

이시경
2023-1 스토리코스모스 신인소설상 당선
웹북 『데스밸리 판타지』 『나는 그것의 꼬리를 보았다』 『푸에고 로사』 『색채 그루밍의 세뇌 효과에 대하여』 『데니의 얼음동굴』 『내 소설의 비밀병기: 활자카메라』 출간

활자중독자의 내면풍경

-

이한얼

-

프롤로그

작은 모임이 있었다. 몇몇 작가가 함께하는 자리였다. 그중 한 작가가 내게 물었다. 혹시 가장 좋아하는 작가가 있냐고. 잠시 망설였다.

사실 나는 따로 좋아하는 작가가 없었다. 중증의 활자중독증을 앓고 있는 나는 닥치는 대로 읽었고 가리지 않고 읽었다. 문학과 비문학을 종횡했고 전문 서적과 저널리즘까지 닥치는 대로 해마체에 축적했다. 읽다 보면 갑자기 멋진 문장이나 멋진 서술에 감탄하는 경우가 있다. 하지만 그렇다고 그 작가의 책만 따로 읽는 경우는 별로 없었다. 항상 손에 잡히는 것이 우선이었다.

"아서 C. 클라크입니다."

나에게서 뜻밖의 이름이 흘러나왔다. SF를 많이 읽은 것은 사실이다. 우리나라로 번역된 아서 클라크의 작품을 거의 다 읽은 것도 사실이다. 그렇다고 내가 가장 좋아하는 작가가 아서 C. 클라크라고 생각해 본 적은 없었다. 그런데 나는 왜 그 이름을 입에 올렸을까? 이 글은 그래서 내 답변에 대한 탐구가 된다. 왜 나는 그 자리에서 아서 C. 클라크라는 이름을 말했을까? 내 무의식은 그 저변에 무엇을 품고 있었길래?

1. 활자중독증 – 병이다, 이건

    스스로 자신의 증상을 판단할 수 있다면 병이라고 칭했을 것이다. 일반적으로 중독은 마약이나 알코올과 같은 물질에 의존하고 금단증상을 가지는 경우를 말한다. 그래서 물질이 아닌 행위에 의존할 때는 탐닉이라는 용어를 사용하기도 한다. 그러나 대상이 없을 때 육체적 금단증상이 없을 뿐이지 불안하고 안절부절 못한다는 것은 마찬가지다.
    읽을 대상이 없을 때, 나는 불안해서 견딜 수가 없었다. 특히 초등학교와 중학교 무렵에는 증상이 심각했는데 읽을 것이 없으면 국어사전, 인명사전, 혹은 영어사전이라도 읽었다. 그마저도 없다면? 하다못해 전화번호부라도 뒤져서 읽었다. 한 가지 다행이라면 주변에 책은 많았다. 아버지가 남긴 유품 대부분이 책이었고 어머니는 다른 건 아꼈지만 책에 돈을 쓰는 데에는 후했다. 그러나 탐닉을 만족시킬 정도는 아니었다. 그래서 가장 행복한 시간을 보낼 수 있는 장소는 서점이었다. 서점이라면 몇 시간이라도 혼자서 시간을 보낼 수 있었다.

잠시 혼자서 멍하니 있어야 하는 시간, 예를 들어 버스를 기다리거나 친구와 약속을 잡고 기다릴 때, 책이 없다? 그때가 가장 곤혹스럽고 괴로운 시간이었다. 주변을 둘러보다가 신문쪼가리나 광고지, 전단을 주워 읽었다. 혹 그러다가 재미있거나 흥미로운 잡지 조각이나 기사를 발견하고 몰입하다가 차를 놓쳐서 정작 약속 시간을 못 지키는 경우도 한두 번이 아니었다. 이 정도면 병이 맞다.

대학생이 되었을 때, 나는 자신을 활자 중독자라고 정의했고 남들에게도 그렇게 표현했다. 그러나 그 반응은 예상외였는데 어떤 경우는 허세를 부린다고 여겼고, 다른 경우에는 부럽다고 말했다. 많이 읽고 많이 아니까 그게 부럽다는 뜻이었다. 그때에는 지식에 대한 열망과 낭만이 있었던 듯하다. 그래서 많이 아는 것은 좋은 것이고 모르는 것은 부끄러운 것이었다. 지금과는 사뭇 공기가 달랐다.

그러나 항상 궁금했다. 왜 나는 이런 병에 걸린 것일까? 왜 증세는 낫지 않고 점점 심해지는 것일까? 증세가 어느 정도까지 진행되었냐 하면, 대학원 다닐 무렵에는 운전하다가 신호에 걸렸을 때도 책을 읽어야 했다. 신호를 기다리다 책에 빠져 뒤차의 경적에 출발할 때도 많았다. 내 차의 승객이 된 사람은 그제야 내가 환자라는 사실을 받아들였다. 불안하다고 책을 놓으라고 말해도 말을 듣지 않는 내게 이 정도면 병이라고 말했다. 그럼 나는 대답한다. 진작 자백하지 않았느냐고. 내가 활자중독증 환자라고.

2. 탐닉, 마주하기 싫으니까

　대학원을 다닐 때 수강과목 중 심리 상담이 있었다. 그 강의의 하나로 그룹 상담을 받았다. 그때 내 증상을 교수에게 이야기하자 가장 어릴 때의 기억을 말해 보라고 했다. 찬찬히 어린 시절을 돌아보다가 내 첫 기억 중 하나가 어두운 공장의 찬 시멘트 혹은 돌바닥인 것을 떠올렸다.

　왜일까? 엄마를 기다리다 잠이 들었다. 시간은 알 수가 없다. 밤이었고 어두웠고 날은 다소 추웠다. 뺨에 닿은 돌바닥, 잔잔한 무늬가 있는 그 바닥에서 무척 찬 기운이 느껴졌다. 엄마는 늦게까지 오지 않았고 나는 그대로 잠이 들었다. 그리고 깨어보니 집이었고 엄마는 내가 제일 좋아하는 달걀 스크램블을 하고 있었다.

　깨어나 묵묵히 달걀을 먹었다. 아무 맛도 느껴지지 않았다. 잠시 후 엄마는 그림책을 읽으며 녹음기로 녹음했다가 그걸 트는 방법을 알려 주었다. 이후 나는 그림책을 들고 그 녹음기를 들었다. 그렇게 처음 활자를 만났다. 그리고 그 글자 하나하나를 소리와 맞춰 외웠다. 다른 글자는 못 읽었지만, 그림책에 나오는 글자는 모두 읽을 수 있었다. 점차 녹음된 책은 많아졌고 내가 외운 글자도 많았다. 그렇게 나는 활자 대부분을 읽을 수 있게 되었다.

　이후 다시는 엄마를 기다리기 위해 언덕 아래 공장까지 내려갈 필요가 없었다. 어두워져 글자가 보이지 않을 때까지 닥치는 대로 글을 읽었다. 그림책은 모두 외웠으니까, 글자만 있는 어려운 책을 꺼내 내가 아는 글자를 하나하나 맞춰 읽기 시작했다.

교수가 말했다.

-그렇게 시작되었군요. 그러니까 글자는 대용품이군요. 무언가로부터 회피하기 위한. 이 경우에는 혼자 있는 것이군요.

아무 말 없이 고개만 주억거렸다.

-그러니까 모든 탐닉은 회피하기 위한 것입니다. 특히 자기 자신으로부터요. 그렇지 않나요?

-모르겠습니다. 그런데 뭔가를 읽고 있을 때는 확실히 불안하지 않습니다.

교수는 모두를 보고 말했다.

-여기 탐닉이나 의존증이 무엇인지 잘 보여주고 있잖아요. 사실 탐닉은 모두 나쁘지 않아요. 생활에 불편하지만 않으면 병이라고 하지 않아요. 그러나 우리가 무엇엔가 탐닉하는 이유를 아는 것은 필요합니다. 숙고해 오세요.

나는 숙고했다. 그러나 여전히 뚜렷하게 알 수는 없었다. 그날 밤 몹시 혼란스러운 꿈이 찾아왔다. 어린아이가 울다가 시멘트 바닥을 팠고 시멘트 바닥 아래에는 작은 풀이 자랐고, 그 풀을 잡아당기자, 시멘트 바닥과 함께 무너지는 지층. 그 순간 눈이 떠졌고 다시 잠들 수 없었다.

한 가지는 분명했다. 혼자 있을 때 떠오르는 혼란스러움, 특히 불안감을 감당하기 싫었다. 그래서 어딘가로 피하기 시작했고 그곳이 활자의 세계였다. 어쩌면 지금은 충분히 감당할 수 있을지 몰라도 이미 나는 심각한 활자 중독자, 그리고 딱히 중독에서 벗어날 이유도 없었다. 읽을 것이라면 천지에 가득하니까.

3. 아서 C. 클라크, 혹은 SF와의 만남

읽을 수 있는 것이라면 무엇이든 좋았다. 그래도 선호가 있다면 이야기가 좋았다. 이야기는 이미지를 주고 이미지는 환상으로 변한다. 그러면 잠시 이야기가 속으로 숨어들어 풍경 속에서 혹은 배경의 일부가 되거나 소품 중 하나가 되어 등장인물의 모험에 동참할 수 있다. 주인공이 현재와 멀수록, 이곳에서 멀리 떨어져 살수록 상상은 더 자유롭다. 〈닐스의 이상한 모험〉 같은 모험과 환상이 섞인 이야기가 좋았는데 '이곳'에서 가장 먼 곳으로 떠날 수 있었기 때문이다.

그즈음부터 SF도 읽기 시작했다. 우연히 가게 된 도서관에서 문고판으로 나온 아이작 아시모프의 로봇 시리즈 중 하나를 발견한 것이 계기였다. 조악한 해적판 번역이었지만 나는 그대로 푹 빠졌다. 지구와 과거에 머물던 상상이 이제는 우주와 미래까지 미칠 수 있었으니, 신세계로 진입한 것이다.

초등학교를 거의 졸업할 무렵이었다. 사정상 친척 집에 머물고 있었는데 어머니 친구분이 내 생일이라고 서점에 가자고 했다. 생일선물로 책을 사주겠다는 것이었다. SF 중에서 두껍고 글자가 많은 책을 고르고 싶었다. 서가에서 마침 눈에 띈 것이 〈2001 스페이스 오디세이〉였다. 그리고 우주와 시간, 과학과 인간이라는 상상이 가닿을 수 있는 경계를 발견했다. 시간과 차원, 인식과 지능, 기억과 자아라는 영역도 논리와 사리에 맞추어 상상할 수 있다니. 판타지와 다른 형태의 이미지가 떠오르기 시작했다. 암흑의 우주, 소리 한 점 없이 항해하는 우주선, 그리고 별들, 거대한 광원이라 마주할 수도 바라볼 수도 없는 빛과 열의 근원과 조우하는 인간, 혹은 인간을 넘어선 지성체.

〈블레이드 러너〉에 이런 대사가 나온다.

> "나는 당신네 인간은 상상하지 못할 것들을 보아왔어. 오리온 좌 너머에서 불에 타던 전함, 탄호이저 게이트 근처에서 어둠 속에 반짝이는 C 빔도 보았지. 그 모든 순간이 시간 속에서 사라져가겠지. 빗속의 내 눈물처럼…… 이제 죽을 시간이야!"

인간이 아니라 인간처럼 만들어진 레플리컨트 자아의 눈에 불타는 전함과 탄호이저 게이트에서 반짝이는 빔은 어떤 것일까?

상상은 한계가 없다고들 한다. 거짓말이다. 우리는 규정된 시공간뿐 아니라 인간의 자아라는 굴레, 그리고 인식의 틀 안에서 상상해야 한다. 그러나 인간이 아닌 지성체는 인간이 상상조차 할 수 없는 것들을 보고 듣고 상상할 수 있을 것이다. 그 너머의 상상은 거대했고 초월적이면서도 지성과 논리를 갖추어야 했다. 그것이 SF가 내게 던진 충격이었다. 그러니까 나로부터 가장 멀리, 가장 빠르게, 그리고 심지어 자아 너머까지 도망칠 수 있는 길을 발견한 셈이다.

4. 더 이상 도망갈 수 없을 때

활자중독증이 가져온 가장 큰 폐해는 불면이었다. 책을 들면 잠을 잘 수 없었다. 특히 스토리라면 더욱 그렇다. 어떻게 이야기를 중간에서 끊을 수 있나. 끝까지 읽어야 했다. 마침내 직장생활이 힘들어질 무렵, 메일함에 글쓰기 코스 안내장이 날아들었다.

글을 쓴다? 그것도 소설을?

어렸을 때부터 백일장이나 독후감 따위를 쓰면 거의 반드시 상을 받았다. 그러니 글 쓰는 일에 재능이 있을 수도 있다. 하지만 소설은 또 다른 이야기다. 수도 없는 이야기들을 내 뇌리에 쑤셔 넣었지만 그렇게 무한대로 입력된 이야기들은 뉴런과 시냅스의 블랙홀로 빨려 들어가 아무것도 되돌아오지 않았다. 뇌는 무한대의 스펀지처럼 수많은 이야기들을 빨아들이고 단 한 줄도 내뱉지 않았다.

마가렛 미첼은 도서관의 책을 다 읽고 더 읽을 책이 없자 남편의 권유로 「바람과 함께 사라지다」를 썼다고 하는데 내게는 그런 일이 일어나지 않았다. 미첼의 시대와 달리 읽을 책이 사라질 수 없는 시대에 머물고 있었으니.

소설이 아니더라도 각 학문 분야의 책은 한도 끝도 없이 쏟아졌다. 책장과 창고까지 모두 책으로 가득 찼고 몇 상자를 버리고 팔고 남에게 주더라도 다시 책으로 메워지는 것은 금방이었다. 그러니 내가 읽을거리가 없어서 책을 쓴다는 것은 불가능했다. 따라서 소설 쓰기 교실에 갈 일은 없었다.

그런데 이상한 일이 일어났다. 그 메일을 지울 수 없었고, 몇 번이나 다시 읽어보고 몇 달을 고민하다가 덜컥 소설창작 강좌에 등록부터 한 것이다. 딱히 뭔가를 쓸 자신은 없었다. 그러나 내 무의식은 지속될 수 없는 활자 지옥에서 탈출할 방법을 찾고 있었음이 틀림없다. 하지만 소설을 통해 활자중독증을 치료할 수 있으리라고 생각할 수는 없었다. 무엇보다도 쓰는 것 자체가 힘든 일이었다. 백일장이나 독후감, 몇 차례 시를 쓴 것도 대부분 과제나 강의 때문이었다.

합평작의 마감일을 지키는 건 엄청난 스트레스였다. 어마어마한 양의 정보를 불가사리처럼 녹여 먹고도 좀처럼 아웃풋을 내놓지 않는 뇌가 문제였다. 이래저래 마감일이 되면 어떻게든 결과물은 내놓았다. 하지만 엄청난 에너지를 소모해야 했다. 자리에 앉아서 글을 쓰기까지가, 그러니까 의자에 앉아서 노트나 컴퓨터에 입력을 시작하기까지가 얼마나 힘겨웠는지! 곧바로 글쓰기를 시작하지 못한 채 웹서핑을 하고, 책을 읽고, 다시 글쓰기 창작법을 검색하고, 글쓰기를 피하기 위한 갖가지 일들을 하고 나서야 겨우 키보드를 두드리기 시작했다.

일단 쓰기 시작하면 글은 나온다. 그러나 그런 작업이 좋을 리 만무했다. 그런 내가 이성적이고 합리적인 이유로 소설을 쓰겠다고 결정할 리 없었다. 극단에 몰린 중독증 환자가 지푸라기라도 잡고 싶은 심정으로, 무의식의 시그널에 따라 글쓰기를 시작했다고 봐야 한다.

5. 놀랍게도 효과가 있다!

언제나처럼 미루고 미루다가 마지막까지 밀려서 습작품을 썼다. 결과는 참담했다. 누구에게 보일 만한 글이 아니었다. 소설이라니, 당치 않았다. 그토록 많은 소설을 읽었지만, 읽는 것과 쓰는 것은 완전히 달랐다. 읽기와 쓰기의 거리는 너무 어마어마해서 태양으로부터 태양계 끝자락의 오르트 구름, 그보다 멀리 떨어져 있는 3차원의 벽 너머 4차원까지의 격원이 그 중간에 놓여 있었다.

당장 그만두자. 이건 그만두는 것이 맞다고 쉼 없이 중얼거렸다. 첫 습작품을 제출하고 2주 내내. 그리고 마침내 강의를 그만두겠다는 메일을 쓰고 있던 그 순간, 내 속에서 작은 반짝임이 일렁거렸다. 쓰기를 고민하고 키보드 앞에서 방황할 때는 활자를 찾지 않고 있다는 사실이 떠오른 것이다. 운전하면서도 스토리 구성을 고민하느라 활자를 읽지 않았고 심지어는 글쓰기를 피하려고 일찍 잠자리에 드는 날도 있었다.

어떻게 이런 변화가?

소설 습작 결과물의 참담함은 이제 두 번째 문제였다. 활자중독에서 벗어나기 시작한 이유가 궁금했다. 참담한 첫 습작품-다시 읽는 것은 정말이지 끔찍한 일이었지만-을 꼼꼼히 읽어보았다. 그 첫 습작품 속에 수수께끼의 답이 있음이 틀림없었고 답을 찾고 싶었다.

습작은 유년기의 트라우마가 전부였다. 활자를 읽을 때 넘쳐흐

르던 상상력은 쓰기라는 벽에 부딪히자 키보드 사이로 흘러가 버렸고 질박한 경험과 삶의 생채기만 앙상하게 남아 있었다. 절제되지 못한 문장은 감정에 따라 뒤틀렸고 플롯이나 갈등도, 알레고리나 메타포도, 심지어 리얼리티조차도 없었다. 문예반 에세이 수준의 글을 소설이라고 내밀다니, 이따위 졸필을 휘갈겨 대려고 소설 공부를 시작했다니.

당장이라도 찢어버리고 싶은 A4용지를 뚫어져라 쳐다보았다. 늘 도망치던 나, 버리고 싶던 삶, 그리고 꿈속에서도 마주하고 싶지 않던 삶의 흔적. 그러니까 나는 나 자신을 처음으로 직시하고 있었다. 조악한 습작소설 속에 웅크린 자세로 나를 응시하는 내가 있었다. 마음 깊은 곳에 쪼그리고 앉아 자신을 바라봐 주기를 바라던 아이, 그 아이가 나였다. 찢기고 발려진 그대로 자신을 바라봐 달라고 아이는 말하고 있었다.

그제서야 비로서 소설을 쓴다는 것은 삶을 있는 그대로 직시하는 것, 상상은 그다음 문제라는 것을 깨달았다. 그 작은 깨우침 이후, 소설은 점차 꼴을 갖춰가기 시작했다. 내 삶을 마주하고 자기연민이나 감상에 젖지 않고 객관화할 때, 내 경험을 소설 속에 녹여 낼 수 있었다. 여전히 태양의 중력에 갇혀 있었지만, 공전을 거듭하며 내면을 비추고 나자 점차 먼 곳에 흐릿하게 떠 있는 오르트 구름대를 향한 원심력이 커지기 시작했다.

6. 시작은 시작일 뿐이지만

 오해하지 말았으면 한다. 첫발을 딛는 것과 제대로 된 문학작품을 쓴다는 것은 다른 문제다. 나는 여전히 활자 소비자였지 생산자가 아니었다. 1,000개를 읽고 1개 정도 출력한다고 할까? 시작이 반이라고 하지만 엄밀하게 보자면 시작은 시작일 뿐이다. 그러나 적어도 시작조차 못한 것과는 다르다. 아니다. 다르다는 말로는 부족한 질적인 차이가 존재한다고 생각한다.
 예를 들어보자. 로또를 사지 않는 사람과 로또를 한 장 사는 사람의 차이는 그다지 크지 않다. 당첨금액이 100억이라 할지라도 당첨될 확률은 0에 수렴하니까. 그런데 0에 수렴할 정도의 작은 확률과 0은 다르다. 다른 정도가 아니라 다른 차원의 문제다. 있음과 없음이라는 질적인 차이가 발생하니까.
 로또 당첨 확률을 대략 800만분의 1이라고 가정해 보자. 가정이 아니라 대략 그 정도의 확률이다. 로또를 매주 한 장 사는 사람은 평균적으로 800만 번 산다면 한 번은 당첨된다. 멀티버스라는 관점으로 이야기해 보자. 무한한 버전의 시공간이 있다고 가정할 때 800만 개 중 한 번꼴로 나는 로또 당첨자가 된다. 그럼 무한한 숫자의 내가 로또 당첨자로 삶을 산다. 800만이라는 숫자는 무한이라는 숫자 앞에서는 아무것도 아닌 미세한 수치일 뿐이니까.
 그런데 내가 로또를 사지 않는다면? 모든 경우의 수는 사라지고 내가 당첨될 가능성은 절대 0이 된다. 있음과 없음의 차이는 이토록 큰 것이다. 시작한다는 것은 우주에 파문을 일으키고 파문은 영원하고 무한한 시공간 속으로 퍼져나간다.

새로운 가능성이 파생되는 것이다. 그리고 어떤 시공간에서는 그 시작이 커다란 결실과 성공을 이룰지도 모른다. 그러니까 입력 대비 아웃풋의 차이에 실망할 필요는 없다고 스스로를 다독였다. 시작은 시작일뿐이라도 내 타임라인은 이미 방향성을 확보했다. 활자 생산자의 차원을 향해 항로를 잡고 조타기를 틀기 시작했다. 머나먼 곳, 오르트 구름과 태양계 너머, 오리온좌에서 불타오르는 전함을 향해서.

7. 최외각에서 바라보는 문학계라는 우주

이제 내 우주는 문학계가 되었다. 계의 최외곽 경계에 섰지만 어떻든 같은 우주에 속한 것이다. 그리고 계가 바깥에서 바라보던 것과 계의 외곽에서 바라볼 때, 관점은 달라진다. 어느 웹툰의 유명한 대사처럼 '서는 곳이 바뀌면 풍경도 달라지는' 법이니까.

문학계라는 우주는 특유의 생태와 습성을 지닌 곳이다. 그리고 모든 다른 시스템처럼 계 밖의 다른 시스템과 소통하면서 변화하고 성장하다가 퇴락하고 그 퇴락을 발판으로 또 다른 도약을 시도한다. 그리고 내가 등단하던 무렵 문학계에서는 새로운 변화와 도약이 시작되고 있었다. 이를테면 문단은 대중과 거리를 두고 몇 가지 사상을 전파하는 것을 문학의 이데아라고 여겨왔는데 대중은 문단의 이데아에 무관심했고 문단 일부에서는 문학이 지식 엘리트의 전유물이라고 여겨 이를 오히려 당연하게 생각했다. 어떤 부류는 자신이 가진 고아한 이데아를 대중에게 가르치고 전달해 대중을 계몽해야 한다고 여기는 것처럼 보였다.

대중은 문단의 생각에 무관심하기 마련이다. 태초 서사가 시작되어 지금까지 대중의 관심을 끄는 것은 누가 뭐래도 재미였다. 재미있으면 팔린다. 우아한 재미, 감동적인 재미, 깊이 있는 재미, 지적인 재미, 하다못해 저속한 재미라도 있어야 눈길을 보내는 법이다. 재미가 없으면 사상이고 계몽이고 먹힐 턱이 없다. 아마도 이것은 서사가 존재한 이래 만고불변의 법칙이었을 것이다.

또 하나, 흥미로운 흐름이 부상하고 있었다. 대중은 문학을 고아하거나 지적인 취향이라 여기지 않았다. 따라서 문단 엘리트가 인정한다고 해서 팔리는 경향도 줄어들었다. 노벨문학상 수상작? 얼핏 언론을 보면 대단한 판매량인 것처럼 마케팅한다. 〈노벨상 수상작, 이전보다 3,000% 판매량 증가〉, 이런 식이다. 그러나 실제 판매량을 자세히 적은 기사는 잘 없었다. 막상 뒤져보면 이전까지는 월 300부 팔린 것이 몇천 권 팔렸다는 것이다. 문학 부문 10위권 중에서도 중위권 밖이었다.

90년대, 2000년대 초와는 현격하게 달라진 상황이다. 예전에는 노벨상 수상자가 시인일 경우에도 수십만 부가 팔렸고 TV 드라마에서 그해 노벨상 수상작을 언급하며 시를 낭독할 정도였으니까. 대중은 자신의 취향에 단호했고 비평과 문단에 초연했다. 예외가 있다면 한국 최초 부커상 수상작 정도일 것이다.

대중은 문단의 관습과 형식, 인정과 평가, 경향과 조류를 무시했다. 지적인 허영이나 스노비즘 같은 속물주의도 사라졌다. 대중은 더 솔직해졌고 보다 더 용감해졌다. 그래서 본격문학과 장르문학에 대한 경계에도 관심이 없었다. 어떤 경향이든 취향과 흥미를 자극하면 팔렸고 그렇지 않으면 무시했다. 외국에서는 이미 오래전부터 시작된 경계의 침식이 비로소 한국에서도 시작된 것이다.

시스템의 최외곽에 발을 내디딘 내게 이런 침탈은 새롭고 즐거운 변화였다. 타고난 반골 기질 탓인지 누가 뛰어나다고 평가해도 그대로 수용할 수 없었다. 읽어서 재미있으면 좋은 책이고 재미가 없으면 저열한 책일 뿐이다. 어떤 수식어를 갖다 붙여도 지루하고 재미없다면 사전과 다를 게 없다.

문단이라는 성, 사우론의 탑처럼 높은 곳에서 중간계를 굽어보며 이것이야말로 문학이고 소설이라고, 오늘의 작가라고, 이상 문학상을 받아 마땅하다 중간계를 울려보려 스피커 볼륨을 높여도 대중에게는 들리지 않는다. 저들이 뭐라고 떠들어도 사전을 좋은 책이라고 받아들일 수는 없는 노릇이다.

권위는 대중이 그것을 인정할 때 발생한다. 문단의 성벽은 대중의 인정과 지지를 통해 구축되는 것이다. 그런데 대중은 예전처럼 손쉽게 권위에 복종하지 않는다. 벽은 얇아지고 불완전해지고 변형될 수밖에 없다. 그리고 몇몇 장르 작가는 얇아진 성벽에 손을 밀어 넣었고 침식된 벽은 그 침입을 막을 수 없었다. 그 틈은 점차 벌어지고 웹소설 작가나 장르 작가라는 별칭으로 불리지 않더라도 문학의 성지에서 작은 영지 정도는 확보할 수 있을 것처럼 보인다. 만일 내가 작가로 불릴 수 있다면 그들과 함께 소설을 쓰고 싶다.

내가 처음 쓴 소설은 사막을 횡단하는 이야기였지만 언젠가는 우주와 차원을 횡단하는 이야기를 쓸 것이다. 영혼과 자아를 알고리즘으로 분석하고, 알고리즘은 물질과 정신, 시간과 차원을 초월하여 자아를 표출하는 이야기. 우주와 차원을 건너고 인간이라는 경계를 넘은 지성과 조우했다가 결국은 인간의 자아로 회귀하는 이야기. 그래서 SF도 아니고 판타지도 아니지만 SF와 판타지를 품고 문학의 품 안으로 스며들 수 있는 이야기. 태양의 중력에 사로잡혀 있으면서 오르트 구름 너머, 탄호이저 게이트 밖으로 불완전한 내 정신을 불완전한 그대로 쏘아 보내는 이야기. 그래서 오리온 좌에서 불타는 전함을 지금과는 전혀 다른 자아가 되어 관찰하고 다시 오르트 구름 한 줌을 내 자아로 품고 지상으로 돌아오는 이야기.

뇌리에 무수히 입력된 활자들은 쉼 없이 꿈틀거리며 시공간을 동시에 표현할 수 있는 문자가 되고 정보가 된다. 그리고 그것은 스토리가 되어 초끈처럼 시공간을 넘어 무한대의 영역으로 파동친다. 과학이 할 수 없고 종교가 할 수 없는 것, 그러나 문학은 할 수 있는 것. 현실과 과학을 교두보로 삼고 상상의 경계를 넘어 인지 공간을 넓혀 나가는 그것이 바로 문학의 본령이 아닐까.

8. 그리고 활자 중독자는 활자 생산자가 되었다

다시 말하자면 시작은 이미 완성을 내포한 것이다. 지금 이곳과 평행을 이룬 다른 우주 한 편에서는 내가 내디딘 첫발자국이 새로운 영역의 의미로 받아들여지고 있을지도 모른다. 먼 옛날, 그림책 속의 활자를 그림 그대로 외우던 꼬마가 그 우주를 바라보고 있다. 그 눈은 더 이상 슬프거나 외롭지 않다. 우주라는 무한 공간과 영원한 시간이 그 아이를 내려다본다.

"우주는 원자가 아니라 이야기로 이루어져 있다"라고 뮤리엘 루카이저가 〈어둠의 속도〉에서 노래했다. 시간과 공간이 하나인 것처럼 이야기와 우주는 하나다. 시간과 공간이 시공간 연속체(Space-Time Continuum)인 것처럼 언젠가 우주와 이야기가 하나가 되어 스토리코스모스(Story-Cosmos)로 불리는 날이 올지도 모른다. 하나의 이야기가 만들어질 때마다 하나의 우주가 창조되는 것이니까.

바야흐로 활자 중독자가 활자 생산자가 되는 이야기-우주(스토리-코스모스)가 시작되고 있다. 파열음이 일고 알이 깨어지며 천천히 활자 중독자가 활자 생산자로 변신하기 시작한다. 하나의 우주가, 아브라삭스가, 새로운 에덴이 나타나고 있다. 그리고 당신은 지금 그 스토리코스모스 속으로 들어오고 있다.

웰컴 투 마이 유니버스!

|작가의 말|

 삶에 운명이나 정해진 규칙 같은 것은 없다고 믿었다. 부유하는 입자처럼, 복잡계의 규칙에 따라 예측 불가능한 운동과 우연한 충돌로 이루어진, 정형할 수 없는 점액질 형태의 어떤 것을 삶이라고 생각했다.

 그러나 타인의 눈에 어른이라고, 혹은 이제 늙었다는 말을 들을 즈음, 내 삶에도 어느 정도 윤곽과 형태가 잡혀 있었다. 주체할 수 없는 충동대로, 자유롭게 흘러왔다고 생각했지만 모든 불확정성과 불가해성의 총합은 구체적인 모양을 잡고 초점을 잡아서 삶의 흐름을 만들었다. 그 흐름의 끝에는 글을 쓰기로 한 내가 서 있었다.

 무엇에 홀린 것처럼 닥치는 대로 읽고, 손에 잡히는 모든 활자를 포식했지만, 그럼에도 늘 지식과 활자에 굶주렸다. 많은 것을 읽고, 많은 것을 알게 된다면 부조리한 삶의 해답을 찾을 수 있을지 모른다고 믿었기 때문이다.

 그러나 이제, 비로소, 읽는 것만으로는 답을 찾을 수 없다는 것을 알았다. 삶은 누가 써주는 글이 아니라 내가 써가는 이야기. 답은 누가 정해 주는 것이 아니라 하루하루 내가 만들어 가는 것.

긴 세월을 우회하며 마침내 깨달았다. 삶의 규칙은 내가 써가는 글에 있다는 것을. 운명은 하루하루 빈 여백을 메우는 내 키보드 소리에 의해 결정된다는 것도.

우리 모두 무한한 우주 속에 부유하는 입자에 불과할지도 모른다. 그렇기에 내 삶의 의미는 내가 창조해야 한다. 그것이 내가 사유하고, 키보드를 두드리는 이유이다.

이한얼
2022-3 스토리코스모스 신인문학상 당선
웹북『보델레 함몰지』『캄브리아기의 달빛 아래』『활자중독자의 내면풍경』 출간

주변인으로서의 작가

―

임재훈

―

주변인 경력 20년

차장의 과거는 과장이고 병장 진급 전에는 상병이듯 나의 작가 활동 이전은 주변인이었다. 중심부로 들어서지 못하고 주변만 맴도는 이, 엄연한 구성원이지만 알고 보면 떳떳이 내밀 신분증이 없는 이, 행성에 편입되지 못한 위성.

여느 글 쓰는 작가들처럼 첫 책 출간 후 작가 소리를 듣게 되었다. 과장과 상병은 차장과 병장의 직급을 공유할 수 없으나 주변인과 작가는 한 몸이다. 주변인 경력을 바탕으로 작가 활동을 시작했기에 아무리 의식적으로 아닌 척해 봐야 부지불식간에 주변인 버릇이 튀어나온다. 해병대 체험 캠프에 참여한 직장인 남성이 아무리 머리칼을 짧게 자르고 복식 규정을 준수하여도 민간인 티를 은폐하기란 힘들다. 현역 장병들의 눈에 '군인으로 위장한 민간인'이라는 잡티가 띄지 않을 리 없다. 전투복, 군화, 심지어 군용 속옷까지 입었어도 스스로 계속 인식해야 한다. 지금 이 순간 군인임과 동시에 민간인임을. 군부대 안에서 숙식하지만 어쨌거나 나는 주변인이라는 사실을.

20년 주변인 경력의 출발점은 2003년 대학교 문예창작학과 입학이었다. 고등학교 3학년 여름에 부모님께 말씀드렸다.
"오 필승 코리아 노래 부른 윤도현 아시죠? 그 사람도 고졸이래요. 성공했잖아요."
반년간 죄인 심정으로 등하교를 했다. 자식 이기는 부모는 있었는데, 그것은 부모가 이기시도록 자식이 고개를 숙였기 때문이다. 성적이 참담하지는 않았고 수학능력시험 결과도 못 봐줄 만큼은 아니었다. 커트라인을 따져가며 서울과 경기권 대학교에 각각 원서를 접수했다.

점수 맞춰 지원했던 터라 무슨 학과인지도 까먹었다. 실기 시험이 있다고 해서 성실히 임했고 얼마 후 해당 학교의 홈페이지에서 합격을 확인했다. 고교 시절을 통틀어 부모님이 가장 기뻐하신 순간이었던 것 같다. 자식 입장에서도 기분이 나쁘지는 않았다. 합격자 확인 페이지에서 학과명을 보니 문예창작학과라 기재되어 있었다.

입학식은 3월인데 1·2월 두 달간 학생회장이라는 사람으로부터 전화를 여러 통 받았다. 입학 전 선배들과 상견례 행사가 있다, 교수님 몇 분과 미리 인사 나누는 자리를 마련했다, 오리엔테이션을 겸한 다과회에 꼭 참석해달라……

모두 정중히 거절했다. 고등학교 졸업 후 곧장 자원 입대를 하여 남들보다 이르게 전역해 사회 전선에 뛰어들 그림을 그려 놓았었는데, 대학교 입학과 함께 머릿속이 하얘졌다. 뭘 어떻게 해야 하나. 책 읽기를 좋아하기는 했어도 결코 왕성한 독서가는 아니었다. 그나마도 시집이나 소설책보다는 만화책과 무협 소설을 선호했고, 성룡과 이연걸의 홍콩 액션 영화에 푹 빠져 있었다. 백일장이라는 행사에 참여한 적도 당연히 전무했으며 교내 문학 서클 근처에는 얼씬도 한 적이 없었다. '문예'와도 '창작'과도 전혀 어울리지 않는 인간이다, 라고 스스로 생각했다. 그래서 문예창작학과에 입학할 일이 무섭고 걱정스러웠다.

시 창작 이해, 소설 창작 이해, 희곡 이론 입문 등등 이해하고 입문해야 할 수업과 교수요목에 어질어질했다. 과제도 잘해 오고 질의도 활발히 하는 아이들이 아예 다른 인종처럼 보였다. 그렇다 보니 슬슬 비슷한 인간들과 모여 다니고 술 마시고 놀면서 날마다 시간을 축냈다. 동기와 선배 중에도 의외로 주변인이 많았다. 2학년 때부터 이미 전과를 준비 중이었던 누나도 기억나고, 그 누나한테 복수 전공에 관하여 상담을 청하던 애들도 떠오른다.

그런가 하면 과방 소파에 드러누워 줄담배를 피워대며(옥내 흡연이 가능했던 2000년대 초반이었다.) 최근 구입한 시집 얘기, 며칠 전 만난 시인 험담, 작품 한 편 안 읽어본 소설가에 대한 인상 비평, 전공과목 교수진 강의 평가 등등을 잘도 읊던 인물이 있었다. 시였는지 소설이었는지 글솜씨도 제법 좋았던 듯

교수님들이 잘 챙겨 주던 선배였다. 만날 과음하고 과방에 죽치고 앉아 허송세월하는 듯한데 대체 언제 글 공부를 하고 글을 쓰나. 친한 사이가 아니어서 직접 물어보지는 못했다. 하여간 신기한 인간이었다.

'하여간 신기한'.

이것이 문창과에 대한 첫인상이었다. 엄연한 명사인 '문학'을 동사로 활용하여 '문학한다'라고 말하는 이들, 그러니까 문창과에 더없이 어울리는 학생 문사(文士)들에 대한 느낌도 그러했다. 하여간 신기했다. 어떻게들 저렇게 잘 쓰고 잘 배우고 잘 마시고 잘 다니나. 주변인의 눈에는 정말이지 하여간 신기했다. 주변인이기는 해도 외곬수로 굴지는 않았던 덕으로 학교 사람들과는 대체로 원만했다. 학과 내 주변인들의 선례를 좇아 전과를 준비한 적도 있었지만 잘 되지 않았다. 하여간 '문창인'으로서 졸업장을 받았다.

4학년 2학기 때부터 취업 준비를 했다. 문예창작학과 전공자를 우대하는 직업군을 물색해 보니 기자, 방송 작가, 카피라이터, 기업 홍보실의 여론 대응 담당자 등이 눈에 들어왔다. 교양 과목으로 배운 광고 수업을 몹시 싫어한 탓에 카피라이터는 제쳤다. 기업 홍보실에서 기자들을 응대할 바에는 기자가 되는 편이 낫지 않나 싶어 해당 직업도 뺐다. 그래서 '기자 아카데미'와 '방송 작가 아카데미'라는 강습소에 다녔다. 수강비 마련은 아르바이트를 해 번 돈 조금, 부모님께 손 벌려 많이.

방송 작가 아카데미에서는 특기할 만한 일화가 없었다. 성실히 강의를 듣고 구직 활동 의향을 접었다. 잘할 자신이 없었다. 기자 아카데미에서는 새로운 주변인들을 만났다. 문창과에서 보았던 선배 주변인, 동기 주변인, 후배 주변인과 비슷한 사람들이 모인 공간이었다. 현직 기자들이 출강했는데 그중 몇 명은 퍽 냉소적으로 수강생들 기를 죽여 놓고는 했다. 이를테면 "기자 되고 싶으면 언론 고시를 준비하지 왜 이런 데 와요?" 같은 말.

기분은 상했어도 맞는 말이어서 대거리는 하지 않았다. 실제로 기자 아카데미 수료 후 취업한 이들을 보니 대부분 지역 언론사나 소규모 인터넷 매체 기자들이었다. 속칭 언론 고시를 치르고 누차 면접 전형을 통과한 중앙 언론사 출신이 없었다는 뜻이다. 그들은 '기자 아카데미 선배'로 불렸다. 수강생들 앞에서는 마냥 밝고 쾌활하던 선배들이 유력 일간지 소속 강사들만 마주하면 말수도 웃음도 줄었다. 졸았다, 졸아들었다 쪽이 더 맞는 표현일지 모르겠다.

학부생 때 덜컥 등단한 동기와 후배를 대할 때의 '문창과 주변인들'. 그들이 기자 아카데미 안에도 존재했다. 어쨌거나 수강하며 배운 기자 생활과 직무는 능히 해 낼 성싶어서 수료 후 신입 취재 기자 채용 중이던 언론사 몇 곳에 지원서를 접수했다. 아카데미 선배들이 그랬듯 작은 온라인 언론사에 취직했다. 실은 작은 언론사인 줄 몰랐다. 'OO일보 ABC' 같은 식으로 유력 일간지의 사명을 매체 명으로 내건 곳이어서 지원했다. 언론 고시 수준은 아니었어도 나름대로 필기시험 전형도 있었다.

입사하고 보니 ○○일보의 사명과 로고타이프만 빌린 명목상 관계사일 뿐 실소유주는 해당 신문사와 무관한 인물이었다. 공고에는 분명 '문화 부문 등 취재 기자 채용'이라 적혀 있었는데 정작 처음 맡은 보직은 연예부 기자였다. 연예 산업도 문화에 속하기는 하나, 영화나 출판 쪽을 상상했던 것과는 완전히 딴판이라 몹시 당혹스러웠다. 온종일 연예인 소식을 써 대고, 연예인을 만나러 돌아다니고, 퇴근 후에는 드라마와 예능 프로그램을 챙겨 보고 다음날 출근해 리뷰 기사를 송고했다.

참담했지만 어쩔 도리가 없어 그냥 일했다. 작은 사무실 안에 경제부도 있었는데, 삼성전자 기자실 같은 취재처에 갔다 복귀한 선배 기자가 연예부 후배들을 가끔 도발했다.

"너희 이런 걸 기사라고 쓰냐? 너희가 기자야?"

정말로 이와 같이 말했다. 기자 아카데미 때와 마찬가지로 불쾌했으나 뾰족이 맞설 말을 찾지 못했다. 경제부 선배 기자의 빈정에 공감했으므로.

입사한 지 1년이 되어 갈 무렵 경영인이 매체 폐간 소식을 기자들에게 알렸다. 두어 달 후 문을 닫는다고. 경제부로 보직 변경이 된 지 얼마 안 되었을 때였고, 스스로를 확실한 주변인으로 인식할 시기였다. 취재처에 나가면 유력 언론사 선배 기자들과 인사를 나눌 기회가 잦았다. "어디서 오셨어요?" "○○일보요." "오, ○○일보시구나." 식의 간단한 자기소개 후 명함을 교환할 때마다 다들 똑같은 반응이었다. "아, ○○일보, ABC구나." 상대 기자들은 하나같이 '○○일보'와 'ABC' 사이에 짧은 묵음을 두었다. 그 묵음이 주변인의 거처 아닐까 하는 생각을 자주 했다. '○○일보'와 'ABC' 틈에 난 묵음 안에 주변인은 '○○일보 ABC'라는 모습으로 존재하는구나. 문창과와 기자 아카데미에서 본 주변인들도 이렇게 음소거 상태로 살아갈지 모르겠구나.

매체 폐간 직후 다행히 일자리를 구했다. 폰트 디자인 기업이 만든 신생 온라인 매체의 신입 에디터 직무였다. 시각 디자인학과 비전공자가 디자인 회사에서 디자인과 관련한 글을 쓰게 되었으니 두말할 나위 없이 명백한 주변인이었다. 그때부터였던 듯하다. 주변인이라는 정체성을 숙명으로 여기기로 마음먹은 것이.

연간 인세 5만 원

매해 분기별로 몇몇 출판사들로부터 인세 정산 메일을 받는다. 정확히 추산해 보지는 않았는데 출간 도서 열한 권을 총합한 연간 평균 인세는 대략 오만 원 안팎이다. 정산 내역에 '₩-3,910'이라 기재된 메일도 받아 봤다. 표기 그대로 마이너스라는 소리다. 저자가 출판사한테 삼천구백십 원을 입금해 드려야 하는 줄 알았다. 편집자에게 문의하니 다행히 그냥 '₩0'이란 뜻이었다.

책 열한 권을 쓴 작가인데 일 년에 차량 주유비 정도의 수입밖에 없다? 제 직업을 작가라고 표명하기는 아무래도 멋쩍다. 상황이 이런 관계로 지금껏 단 한 번도 '직업으로서의 작가'를 상상해 보지 않았다. 그렇다고 작가를 자칭할 수 없는가 하면 또 그렇지만도 않은 것이, 출간된 책들마다 '작가'로 성명이 인쇄돼 있는 터라 그 점에 대해서 스스로 책임을 지기는 해야 한다. 쑥스럽고 머쓱해서 '책을 내기는 했지만 돈은 못 법니다. 그러니 저 자신을 작가라 부르지는 못하겠네요.' 하고 말해 버린다면, 몇 안 되는 독자들마저 잃게 될 듯하다. '뭐? 기껏 책 사서 읽었더니 본인은 작가가 아니라고? 사기꾼이야?' 하는 비난을 떠올리면 움찔거리게 된다. 작가가 직업이 아니기는 하나 작가가 아닌 것은 아니다. 이런 어중간한 입장으로 한 권 한 권 쓰다 보니 열한 권이 되었고, 그 과정에서 자연히 '작가는 직업이 아니라 태도'라는 생각을 고수해 왔다. 무슨 진지하고 비장한 작가 지론이 아니다. 스스로 처한 상황에 알맞은 인식 체계가 어느 틈에 그런 식으로 형성되고 만 것이다.

돌이켜보니 그간 쓴 책들은 모두 누군가의 제안으로 이루어진 결과물이었다. 첫 단추는 2014년 서른 살이 되었을 때였다. 광고 회사 다니다가 직장 생활 작파를 결심한 친구와 둘이서 팟캐스트 방송을 만들었다. 제목은 '서른 살 옹알이'. 콘셉트도 구성안도 대본도 없이 한두 시간 정도 수다 떠는 프로그램이었다. 결혼, 돈, 사회생활, 연애, 출세 등 당시 우리를 정서적으로 압박했던 사안들을 매회 하나씩 선정하여 두 사람 각자의 심정을 토로했다.

매주 두세 번씩, 퇴근 후 친구의 오피스텔로 찾아가 방송을 녹음하고 이따금 새벽까지 술 마시면서 신나게 놀았다. 의외로 반응이 괜찮아서 청취자들과 오프라인 모임도 두어 번 했다. 그러던 중 출판사 편집자라는 사람에게서 출간 제의 메일을 받았다. 팟캐스트 콘텐츠를 단행본으로 만들어 보자는 내용이었다. 이윽고 편집자와 몇 차례 만남을 갖고 원고를 쓰기 시작했다. 편집자라는 존재를 처음 인지한 사건이었다. 그런 직업이 있는지도 처음 알았다. 독서량이라고 해 봐야 방 안 책장에 꽂힌 십여 권이 전부였던 터라, 사물 혹은 상품으로서의 책을 진지하게 고민한 적이 없었다. 작가가 글을 쓴다, 그걸 출판사가 책으로 만든다. 이 정도가 책의 만듦새에 대한 이해 수준이었다.

공저자 둘은 잔뜩 들떠서 뭐든 얼른 써 버리겠다 호들갑을 떨었다. 그런 녀석들을 진정시키면서 편집자는 부지런히 책의 '지도'를 만들어 검토를 요청했다. 이곳으로 가시려는 게 맞습니까, 경로가 엉뚱하지는 않습니까, 당신들 기동력으로 충분히 돌파할 만한 노정인 것 같습니까, 출발점을 여기로 설정할까 하는데 잘 찾아오실 수 있겠습니까…… 편집자가 수차례 작업해 보내온 도서 콘셉트, 차례 구성, 본문의 화자로서 공저자 두 사람이 준수해야 할 어조와 본새, 방송의 육성을 책의 활자로 구현하는 데 필요한 각종 텍스트 장치들 등등이 전부 책의 지도였다.

편집자와 소통하는 내내 둘레길 트레킹 가이드와 히말라야의 셰르파를 떠올렸다. 얼치기 두 사람을 시종일관 '작가님'이라 칭하며 깍듯이 대하는 정중함 앞에서 서서히 설익은 치기가 가라앉았던 것 같다. 누군가에게 작가로 불린다는 일은 만만한 것이 아니구나, 하는 반성을 했다. 절로 허리를 곧추세우고 두 손을 모으게 되었다.

 첫 책이 나온 지 얼마 지나지 않아 두 번째 책을 썼다. 첫 책 공저자 친구의 소개로 알게 된 형이 근무처인 출판사를 그만두고 전자책 출간 사업을 시작한다고 했다. 형의 직업이 편집자였다는 사실이 새삼 다르게 다가왔다. 그 형의 권유로 신생 전자책 출판사를 위한 신간을 쓰게 된 것이었다. 이제 막 개업한 지인을 응원해 드리려는 목적이었다. 신장개업 화환 대신 원고를 보낸다는 의도였다. 역시나 제작 과정은 첫 책과 대동소이했다. 편집자 출신인 형이 열심히 지도를 그렸고, 저자는 그 안내를 따라 착실히 원고 분량을 채워 나갔다. 길을 잘못 들었다 싶으면 어김없이 형에게 물어 방향을 재설정했고, 이렇게 오래 걸릴 게 아닌데 왠지 곱길로 온 듯하면 밤중에도 형에게 전화를 걸었다. 편집자가 지인이어서 가능했던 만행이다. 어쨌든 긴급 구조 요청 즉시 응답이 와서 무탈하게 책을 완성할 수 있었다.

 다음 책은 직장 상사 때문에 쓰게 된 경우다. 퇴사 후 도시를 떠나 바다가 보이는 전원주택 단지로 거처를 옮긴 분이었다. 서울에서 출간 제의가 들어왔는데 자신과 공저자가 되어 보지 않겠느냐고, 전 직장의 직원에게 친히 연락을 했다. 야근과 주말 근무를 매주 반복하던 시기여서 체력도 정신머리도 너덜너덜한 상태였다. 심신을 위해서라도 거절하는 것이 맞았지만 실패했다. 같이 근무할 때 여러모로 도움을 주신 분이어서 차마 내치지를 못했다.

공교롭게도 공저자 참여를 확정한 뒤로 업무량이 차츰 줄었다. 야근을 해도 자정 전에는 빠져나올 수 있었고, 토요일과 일요일 중 하루는 쉬게 되었다. 가까스로 하루 연차를 내고 출판사 사람들과 상견례를 했다. 직장 상사와 오래전부터 알고 지냈다는 출판사 대표, 신간을 담당할 편집자가 동석했다. 가만히 얘기를 듣자니 이게 한 권으로 끝인 단행본이 아니었다. 열 권짜리 시리즈였다.

뜨악했지만 그나마 각 권 분량이 200쪽 내외에 작은 판형으로 나올 계획이라는 말에 안심했다. 이미 기획이 어느 정도 잡힌 상태에서 단독 저자였던 직장 상사가 과거 직원을 일종의 릴리퍼 역할로 호출한 듯했다. 뭔가 속았다는 기분이 들었는데 출판사 미팅까지 마친 마당에 발을 빼기란 쉽지 않았다. 1권이 2017년 6월, 마지막 8권이 2019년 8월에 출간되었다. 최초의 열 권 기획이 여덟 권으로 줄었다.

글 쓰고 책 짓는 2년간 저자들도 편집자도 기진맥진했다. 여덟 권으로 마무리하자, 라는 것은 저자들의 제안이었고 이를 출판사가 수용했다. 워낙 고생했던 터라 출간 후 출판사의 미진한 마케팅이 못내 아쉬웠고 실제로 문제 제기를 몇 차례 했다. 판촉 업무는 출판사 마케팅팀 관할이기에 전령으로 나서야 했던 편집자가 자주 난색을 표했다. 그럼에도 성실히 공저자들의 건의를 전달했고 미약하나마 판매 부수와 독자 리뷰 건수가 올랐다.

편집자에게 죄송스럽고 감사해서 해당 출판사로부터 단독 저서 출간 제의를 받았을 때 곧바로 응했다. 2년 내내 함께한 그 편집자와 또 협업하고 싶었지만 다른 편집자가 배정되었다. 편집의 기량과 정성은 똑같이 감동적이어서 또 한 번 허리 세우고 두 손 모은 자세로 마감 기한을 맞췄다. 그렇게 열한 번째 책이 나왔다.

이런 시간들의 결산이 '연간 인세 5만 원 내외'인 셈이다. 작가를 직업으로 표방하기에는 참혹한 성적표다. 점수가 양호했다면 직장을 그만두고 전업 작가로 나설 계획을 세웠겠으나 하여간 회사원으로 줄곧 생활했다. 그리고, 인세는 환급금으로 여기기로 했다. 출판업계가 마련한 직장인 환급 교육을 수료한 덕으로 해마다 소액이 입금된다고. 강좌명은 '작가의 태도'.

글을 쓰는 것과 책을 짓는 일의 차이, 제멋에 겨워 혼자 행하는 글쓰기와 편집자라는 첫 독자를 대면하며 써 나가는 집필의 경중, 도서 판매 부진의 책임 소재를 저자 한 사람에게 지우거나 ('저 작가 글 별로인가 본데?') 출판사 임직원들을 싸잡아 힐난하는('파워 저자한테 해 주는 반의반만이라도 마케팅 좀 해 주지.') 일의 공허함, 얄따란 단행본 한 권을 만드는 데 저자와 편집자가 제 기량의 최대치와 여러 나날과 소통량을 쏟아붓는 공정 과정 등등을 현장 학습 프로그램으로 제공한 강좌였다.

작가는 직업인가 태도인가. 우선은 태도다. 직업일 수 있을지는 스스로 그 가능성을 체험하지 못했으므로 답하기 어렵다. 작가는 태도다, 라는 말은 책 한 권과 그 책을 만드는 데 기여하는 모든 작업자들에 대한 태도를 가리킨다. 책을 향한 이 같은 입장은 제 방대한 독서량을 마치 둘레길 완주 스탬프 내보이듯 자랑하는 본새를 완강히 거부한다. 이 작가는 어떻고 저 책은 어떠한가 논하는 비평과 품평의 대화에 참여하기를 두려워한다. 그러면 안 된다고 믿기 때문이기보다는 더 이상 그럴 수 없게 되었다는 말이 더 맞을 것이다. 책을 손에 쥘 때마다 실무의 세계를 감각하게 되어 버린 이상 어쩔 수 없는 노릇이다.

서울 북한산국립공원의 도봉산 등정로 중에는 한 사람이 20년간 무보수로 시공한 계단들이 있다. 유튜브 채널을 운영하는 몇몇 등산가들이 그의 존재를 알렸다. 성명 황용삼. 여든이 넘은 노인이다. 산속에 길이 있다. 누군가가 놓은 길이. 책 속이라고 다를까.

문학이라는 묠니르

묠니르는 북유럽 신화 속 일명 천둥신으로 등장하는 토르의 무기다. 망치처럼 생겼고 토르에 의해 휘둘릴 때마다 우렛소리를 일으킨다. 토르를 극화한 영화에서 묠니르는 오직 주인의 손아귀와 부름에만 순응한다. 또는 주인이 소지를 허락한 누군가에게 제한적으로 병장기의 몫을 한다. 두 경우가 아니라면 아무도 묠니르를 들어 올릴 수 없다. 토르가 처음부터 묠니르의 주인이었던 것이 아니라, 묠니르가 제 주인을 토르로 결정하면서 둘의 일체화가 이루어졌다.

문예창작학과의 여러 주변인이 끝내 문학을 휘두르지 못했다. 선후배와 동기들 가운데 졸업 후 시인, 소설가, 극작가, 평론가로 '문학 현업인'의 삶을 취한 이들은 소수였다. 학부 때는 각종 공모전마다 응모하고 학회 활동에도 열심이었던 이들이, 이런저런 경조사 자리에서 만나면 사무원이 되어 있었다. 몰니르는 그들을 주인으로 택하지 않았다.

입학한 순간부터 졸업하여 월급 생활을 하는 동안 줄곧 문학을 만져 볼 마음조차 안 먹었다. 어차피 못 들 것, 굳이 왜. 눈앞의 야근과 주말 근무를 해치우는 데 굳이 몰니르 같은 거창한 무기는 필요하지 않았다. 날마다 손발을 허우적대는 정도로 충분했다. 게다가 이곳은 인간계다. 어디 감히 신의 도구를.

시집이나 소설책과 아예 담을 쌓지는 않았어도 딱히 그 작품들로부터 깊은 인상이나 희열을 느낄 수는 없었다. 한번 읽어볼까, 다 읽었네, 딱 이만큼의 독후감뿐이었다. 그렇게 나날을 지내던 중에 몰니르의 진동을 감지했다. '그럴 리가…' 하는 의구심을 갖기도 했지만 분명히 몰니르는 스스로 떨고 있었다. 매일 심야 퇴근 후 가까스로 씻고 침대에 누울 적마다 불가사의한 진감(震撼)을 포착했다. 진원이 다름 아닌 문학이었음은 나중에야 알았다.

디자인 회사에서 문창과 전공자가 할 수 있는 일은 의외로 많다. 디자인과 관련한 '글을 쓰는' 일이 대표적이다. 디자인과 무관한 일들은 너무 많아서 대표성을 띤 한 가지를 위시하기란 어려울 것 같다. 그중 하나가 사업 제안서 작업이었다. 중소기업인 만큼 대기업이나 공공 기관 등에 사업을 제안하는 경우가 잦았다. 조달청 나라장터에 등록된 입찰 공고를 물색하여 알맞은 발주사에 제안서를 보내고 경쟁 프레젠테이션까지 참석하는 과업.

이 업무를 적잖이 수행했다. 사업 제안서 만드는 동안 '스토리텔링'이란 말을 지독히도 많이 들었다. '귀사를 위한 최적의 퍼포먼스를 창출할 비즈니스 파트너'가 입찰 참여사로서 세우는 흔한 정체성인데, 이를 효과적으로 서술 및 설득하려면 매력적인 스토리텔링이 필요하다는 것이 선임들의 제언이었다. 스토리가 너무 약해요, 이건 좀 과해요, 이걸 더 보강합시다, 기승전결이 아니라 기기기결 같아요……

짧게는 닷새, 길게는 보름 남짓한 마감 기간 동안 이런 말을 주야장천 듣고 메모하고 콘텐츠로 구현하고 검수받고 수정하는 일을 되풀이하다 보니 욕지기가 일었다. 스토리텔링, 기승전결 같은 단어를 보고 듣기만 해도 메스꺼워졌다. 당시는 2017년으로, 퇴사한 직장 상사와의 공저작 원고 마감이 한창인 시기였다. 모발이 부쩍 얇아졌고 두피 바닥이 드러났다. 머리칼을 잡아 뽑는 지긋지긋한 이야기 구조로부터 탈주하고 싶었다.

그러다 우연히 어느 종합 일간지에 실린 기사 한 꼭지를 읽었다. 「'할 말 없음'을 말하는 남자」라는 제목이었다. 이름도 얼굴도 낯선 한 소설가와 신문사 기자의 인터뷰였다. 인터뷰어가 그 소설가를 이른 소개문이 인상적이었다. "기승전결 없는 의식적 중얼거림." 단숨에 기사를 정독했다. 소설가의 이름은 정영문. 9년 만에 단편집을 펴냈는데 표제가 『오리무중에 이르다』라고 했다. 인터넷에서 작가명을 검색해 보니 2012년 『어떤 작위의 세계』라는 장편소설로 문학상 세 개를 받았다는 소식도 보였다. 두 권을 구입해서 매일 밤 침대에 누워 읽다가 머리맡에 두고는 잠들었다. 기자가 소개한 바와 정확히 일치하는 글들이었다. 책을 덮고 숙면을 취했다.

2017년 한 해는 정영문의 작품들로 버텨 냈던 듯하다. 스토리텔링과 기승전결에 시달린 육신을 그의 소설이 마사지해 주는 기분이었다. 작품성 내지 문학성 같은 것은 솔직히 잘 모르겠고, 그냥 좋았다. 책 잘 안 읽는 독자 입장에서 문학과 약간 친밀해진 것도 같았다. 정영문의 소설은 읽되 그에 대한 평론은 일부러 안 보려고 애썼다. 일개 독자가 품은 '그냥 좋아'라는 설익은 감정이 누군가의 빠삭한 지식과 분석으로 조리되고 익혀지는 걸 원하지 않았다. 구운 마늘보다 생마늘을 좋아하는 사람도 있기 마련이다. 그때부터였던 듯하다. 묠니르가 조심스럽게 떨기 시작한 것이. 신의 무기라고 여겼던 문학이 어쩌면 인간계와도 능히 내통할 수 있겠구나 하는 생각도 해 보았다. 그러면서 차차 한 권 한 권, 시집이나 소설책에도 손을 대기 시작했다.

2018년 1월 퇴사했다. 일 안 하고 한동안 도수 치료를 받으며 쉴 작정이었다. 계획은 실패했다. 전 직장에서 친하게 지낸 직원이 외주 작가 신분으로 일을 맡아달라고 제안했다. 거절하지 못했다. 그렇게 1년을 프리랜서로 일했다. 출퇴근을 안 하니 훨씬 여유로워 딴짓할 틈이 넉넉했다. 다듬다듬 문학책을 읽었다. 문학 입문이 정영문 소설이어서인지 자연스럽게 비슷한 경향의 작가를 찾아 읽었던 것 같다. 명징한 서사 구조로 강한 흡인력을 발산하는 이야기보다는 언어를 흩뜨려 주문 외듯 운용하는 소설들.

퇴사 후 제일 열독했던 작가는 파스칼 키냐르였다. 문창과 시절 시깨나 썼으나 시인은 되지 않은 한 주변인이 추천해 주었다. 『로마의 테라스』, 『부테스』, 『혀끝에서 맴도는 말』 등 비교적 얇은 소설들을 골라 읽는 동안 도수 치료가 미처 만져 주지 못한 부분의 이완을 경험했다. 그리고 서점을 구경하다 순전히 '디자인이 예뻐서' 충동 구매한 시인 이성복의 시론집 세트는 종일 손에 쥐고 읽었을 만큼 황홀했다. 『극지의 시』, 『불화하는 말들』과 더불어 세 권 합본을 이룬 『무한화서』라는 책은 나중에 몇 권 더 사서 지인들에게 선물했다. 묠니르가 만약 인간 누구나의 손에 사뿐 들어 올려져 내둘러진다면 천둥 대신 『무한화서』가 반짝 피어날 것 같다는 상상을 했다. 인간계의 퇴사한 실업자를 위한 신의 선물처럼 이성복의 글을 한껏 안았다.

뭐라도 써 보면 어떨까, 문학적인 뭔가를. 결국 이 지경에 이르고 말았다. 문학에 갓 입문한 독자가 제 감흥에 취해 포드닥거려 본 것이었다. 하여간 쓰기를 시작했다. 늦여름부터 겨울 초입까지 꼬박 써서 중편소설 한 편을 지었다. 눈빛만 쏘아붙여도 와르르 무너질 부실 시공물이었으나 써 놓고 나니 썩 싫지만은 않왔다. 난생처음 신춘문예 응모도 했다. 신춘문예를 비롯한 문예지 신인상 응모가 우편 접수만 허용한다는 사실을 그때 처음 알았다.

뭘 써야 할까. 곰곰 궁리하다 보니 별안간 2014년 4월 16일로가 있었다. 왜 이리로 온 걸까. 또 곰곰, 자신의 내부를 가만 들여다보았다. 그때도 여느 날과 다름없이 야근과 주말 근무로 한 주 한 주를 보내고 있었다. 그 수요일 아침, 사무실에 앉아 스마트폰 화면 속의 바다를 내려다보았다. 직원들 전부가 그랬다. 다들 자기 자리에 앉아 그 바다와 그 배를 내려다보았다. 흡연 구역도 상황이 비슷했다. 회사 사람들이 한 손에 바다를 들고 담배를 피웠다. 첫아이 얻은 지 얼마 안 된 새신랑이 줄담배를 피워 대며 그 배를 손에 쥐고 떨었다. 별일 없겠죠? 다 살겠죠? 흡연자들이 웅성였다.

그날은 여자친구의 생일이었다. 케이크 먹기가 좀 그렇다고, 저녁에 잠깐 카페나 들르자고 연락이 왔다. 그러자고 했다. 그해 사계절을 지내는 동안에도 야근과 주말 근무는 부지런히 이어졌고 이듬해도 그다음 해도 별반 다르지 않았는데 계속 기분이 이상했다. 왜 이상한지 잠자코 따져 묻기에는 너무 바빴다. 격무를 해 나가다 이따금 이상한 기분을 감각했지만 그냥 그러고는 말았다. 당장 해야 할 잔무가 첩첩이었으므로.

회사 다니면서 미루고 미루었던 궁문을 진득이 해 보자고 마음먹었다. 답은 의외로 간단했는데, 다름 아닌 미안함이었다. 넌 미안한 거야, 하고 마음이 말했다. 일면식도 없는 먼 바다의 아이들에 대하여 왜 미안한가. 그냥, 넌 미안한 거야, 그냥. 마음이 또 말했다. '그냥 미안함'이라는 이상한 감정을 스스로 구명해 보고자 소설 쓰기에 손을 댔다. 바다 한복판에 누운 존재들을 내려다보고 있던 도시의 주변인. 그가 지닌 '그냥 미안함'에 대하여 썼다.

너 왜 미안한 거야? / 글쎄, 모르겠는데. / 잘 좀 생각해 봐. 왜 미안해? / 몰라, 그냥 미안하다니까. / 세상에 그냥이 어디 있어. / 나도 알지. 아는데, 미안해 그냥. / 후유…

이야기 전개가 대체로 이러했던 것 같다. 소설도 아니고 뭣도 아닌 텍스트. 자기 자신과 주고받은 문답을 중편소설의 구색을 갖춰 활자화한 결과물. 미안함이라는 답은 구했는데 '그냥'은 여전히 난제로 남았다. 소설을 안 썼다면 자신이 미안한 인간이었음도 모르고 살 뻔했으니, 신춘문예 낙선 결과와 무관하게 그럭저럭 만족한다. 미안함 뒤에 미제로 남은 '그냥'을 언젠가 소설로써 규명해 낼 수 있을까. 그런 초심을 상기하려고 가끔 첫 습작을 연다.

북 치는 사람 이야기

시각 디자인 업계에서 일하는 동안에도 주변인들을 여럿 만났다. 디자인 비전공자가 디자인 업계에서 일하는 사례가 의외로 많았던 것이다. 가구를 만들다가 서체 디자이너로 전직한 이, 건축을 전공하고 그래픽 디자이너가 된 이, 그래피티 아티스트로 활동하다 웹 디자이너로 정착한 이 등등.

저마다의 사연과 고심이 그들을 디자인 현장으로 모이게 했으리라. 그들 안에 문예창작학과 전공자도 있었다. 일견 특출할 것이 없어 보이나 결정적인 차이가 존재한다. 디자이너가 아니라는 점. 디자인 행위를 업으로 삼고자 이계에서 넘어온 이들은 이윽고 새 나라의 시민권을 땄다. 엄연히 중심부의 구성원으로 거듭났다. 똑같은 비전공자라 해도 '디자인을 하지 않는 비전공자'와는 그 지위가 천양지차다. 비시민권자, 무비자 입국자, 역시 또 주변인. 스스로를 이렇게 여기며 낯선 근무처에서 허둥지둥거렸다.

그렇다고 차별 대우를 받은 적은 단 한 번도 없었다. '당신은 디자이너가 아니잖아. 왜 우리 모임에 꼈지?' 하고 면박하는 사람들은 만나보지 못했다. 오히려 흥미를 보여 주었다. 문예창작학과 전공이라는 이력에 관심을 보이는 이들도 적잖았다. 어느 그래픽 디자이너에게서 '뭐 쓰세요?'라는 질문을 받은 적도 있다. 문창과 다닐 때 고학번 선배들로부터 숱하게 들었던 말이었다. '03학번이라고? 그래, 뭐 쓰려고?' 처음 들었을 때는 도통 무슨 질문인지 알아듣지를 못했다. 뭘 쓰냐니. 문창과니까 글 쓰겠지. 이렇게 속엣말을 품고서 얼빠진 표정을 짓고는 했다. 주변 동기들이 하나둘 '저는 시요.' '소설 쓰려고요.' '희곡이랑 시나리오 중에서 고민이에요.' 식으로 대답하는 모습을 보고 질문의 진의를 파악했다. 대답할 수가 없었다. 거짓말하기 싫었다. 뭘 쓰려고 이 학과에 들어온 학생이 아니었으니. 어쩌다 입학한 주변인이었으니. 뭐 쓰냐는 디자이너의 질문에도 답하지 않았다. 그냥 웃어넘기고 얼른 다른 화제를 꺼냈다.

 디자인은 무언가를 꾸미는 행위다. 꾸밈이 필요한 모든 영역에서 디자인의 수요가 발생한다. 당연히 문화 예술 분야와의 교류도 활발하다. 영화감독 박찬욱이 2016년 작 〈아가씨〉를 내놓기 전, 제작 막바지 단계에서 엔딩 크레딧 서체 선정을 위해 각고면려한 일화는 (적어도 디자인 업계에서는) 유명하다. 다종다양한 서체들을 면밀히 검토한 끝에 '곧은붓'이라는 붓글씨체의 제작사와 라이선스 계약을 체결했다. 이 건을 담당한 직원과 한 회사에서 근무한 덕으로, 디자인계와 문화 예술계가 아주 동떨어진 것은 아님을 체감했다. 소개팅 후 '애프터' 만남처럼 시각 디자인이 조금은 친밀해졌다.

 디자인 업계에서 일하며 문학가들의 이름도 심심찮게 들었다. 독일에 거주하는 한 그래픽 디자이너는 서면 인터뷰에서 소설가 김애란을 무척 좋아한다고 밝혔다. 2014년 베를린에서 김애란의 낭독회가 열렸는데 그 행사에도 참석했을 만큼 팬이라고 이야기했다. 김애란이 누구더라. 아, 『나는 편의점에 간다』. 대학 시절 비평 과제를 위해 읽었던 소설집을 겨우 떠올리고서야 인터뷰 기사를 계속 써 나갈 수 있었다. 인터뷰이와 직접 대면한 것도 아닌데 괜히 주눅이 들었다.

 그런가 하면 디자이너와 문학 작가의 협업 프로젝트도 제법 빈

번했다. 대표적인 예가 『16시』라는 작품집 시리즈다. 한 팀을 이룬 작가와 디자이너에게 열여섯 페이지를 할당하고, 그 지면을 글과 타이포그래피로 채우게끔 하는 기획물이었다. 김경주, 박상순, 유희경, 황인찬 등 시인들이 참여했다. 『16시』의 몇 권을 읽으면서 문학과 디자인의 횡단이 가능하다는 것을 목격했다. 출판사 미술팀에 입사해 북 디자이너 겸 편집자로 일해 왔다는 시인 박상순을 직접 만날 기회도 있었다. 김경주 또한 '김바바'라는 디자이너와 함께 일종의 '예술 실험 이인조'를 이루어 여러 작업들을 발표한 바 있다.

이런 사례들을 접하는 동안 입사 초 느꼈던 디자인 업계의 이질감이 차차 사그라들었던 것 같다. 시각 디자인학과 비전공자, 그러니까 문창과 전공자로서 아주 못 올 곳에 온 것은 아니겠다는 안도감도 생겼다. 조금이나마 친숙해지고 나니 디자인을 공부해 볼 마음도 일었고, 이런저런 관련 서적을 찾아 읽거나 온오프라인 강의를 수강하면서 회사원으로서 본분을 다해 보자고 마음먹었다.

그러던 중에 북 디자이너 정병규라는 인물을 만났다. 한국에 '북 디자인'이라는 개념을 도입·정착시킨 장본인이라 여러 언론 매체에서 그를 '대한민국 1세대 북 디자이너'로 소개했다. 오래전에는 자신을 타악기 북을 만드는 사람으로 오인하는 이들이 많았다고, 어느 인터뷰에서 그는 말했다. 당시 소회를 자신의 북 디자인 강좌명에도 녹였는데, 이름이 '북 치는 사람들'이었다. 고

(鼓) 친다는 의미와, 그물 치듯 책에 디자인을 친다는 행위를 중의적으로 활용한 작명이었다.

북 치는 사람 정병규는 젊은 디자이너들로부터 '선생님'으로 불렸다. 세대 차이에 따른 호칭이기도 하고, 그가 가르친 제자들이 현업 곳곳에서 활동하기 때문이기도 하다. 사제지간인지는 모르겠으나 시인 박상순 또한 정병규를 선생님이라 불렀다. 그의 작업실 서고에는 실로 방대한 국내외 도서들이 진을 펼치고 있었다. 출판사, 구입한 국가, 교과서적 디자인 사조, 저자, 그리고 정병규 스스로 구획한 디자인 경향 등 다양한 기준으로 온갖 단행본과 간행물이 밀도 높은 종이 냄새를 풍겼다. 서고 관리를 맡은 아르바이트생 말로는 약 삼만 권 규모라고 했다. 그중에는 시집과 소설책 등 문학 서적들도 상당수였다.

정병규가 편집장을 맡은 디자인 전문 계간지의 편집팀으로 합류하면서 그와 세 해를 함께 일했다. 협업 관계라 술회하기는 영 건방지고, 삼 년 내내 북 치는 사람 밑에서 수습생 생활을 했다는 표현이 더 알맞을 듯하다.

그는 사람들 앉혀 놓고 장시간 이야기 들려주는 것을 좋아했다. 소싯적 무용담인가 싶다가도 가만 경청하다 보면 '그래서 내가 너에게 이렇게 일하라고 말하는 거다.'로 귀결되고는 했다. 디자인의 명분과 맥락을 중시하는 북 치는 사람답게, 간단한 업무 지시도 이렇듯 서사의 형식으로 에둘러 하달한 것이었다. 안 그래도 일할 시간이 부족한데 두세 시간 꼼짝없이 청자로 붙들려 있는 것이 솔직히 편하지는 않았다. 그런데 다 지나고 보니, 북 치는 사람 밑에서 일한 삼 년이 글을 쓰고 대하는 데 지대한 영향을 미쳤음을 인정하지 않을 수 없다.

정병규는 불어불문과 전공 후 출판사 편집자로 일을 시작했다. 1975년 간행되던 월간지 『소설문예』의 편집부장을 지내기도 했다. 이후 홍성사라는 출판사를 설립했다. 문학평론가 황현산, 소설가 김원우, 시인 최승자 등 문인들과 함께 책을 만들었다. 70년대 국내 출판계의 주류 판형은 4×6 배판(188×257mm)이었는데, 홍성사는 신국판(152×225mm)을 도입하여 큰 성공을 거두었다.

나이 지긋한 출판인들 사이에서 '홍성사 신국판'은 일대 혁신으로 평가받는다고 한다. 북 디자이너 정병규는 디자인뿐 아니라 문학, 출판 산업과도 긴밀히 관계된 인물인 것이다. 이런 역사 수업을 듣다 보면 어느 순간 일이고 뭐고 그냥 이야기나 계속 들었으면 좋겠다는 생각이 절로 들기 마련이다. 잔무 때문에 불편하기는 했어도 정병규의 이야기가 지루했던 적은 단 한 번도 없었다.

정병규는 문인 두 사람의 이름을 정말 자주 언급했다. 소설가 이윤기와 평론가 황현산. 북 치는 사람의 표현을 빌면 '동생'과 '친구'다. 이른 나이에 먼저 떠난 동생 이윤기에 대해서는 "형, 형, 하면서 그렇게 잘 따르던 녀석이었는데……" 하고 못내 마침표 찍기를 저어했다. 정병규, 그의 친동생인 화가 겸 사진가 정재규, 그리고 이윤기. 이렇게 세 사람이 뭉치던 한때를 눈을 감고 들려주기도 했다. 정병규가 편집하고 정재규가 그리고 이윤기가 글을 쓴 그림책 『어른의 학교』(1999) 얘기도 여러 번 반복했다.

2018년 봄부터는 부쩍 친구 황현산이 걱정이라며 담배를 길게 피우고는 했다. 그러면서 고려대학교 학보에 실린 자신과 황현산의 사진을 펼쳐 보여 주기도 했다. 배경이 고려대 캠퍼스였던 듯하고, 그곳을 거닐며 늙은 동문 두 사람이 활짝 웃으며 대화하는 모습이었다. 친구를 멀리 배웅한 그해 여름, 정병규는 한참 동안 사무실에 나오지 않았다.

이곳이 디자인 회사인가 문예창작학과 과방인가. 북 치는 사람 이야기를 들으며 혼동스러웠다. 편안한 혼란이었다. 두 영역 사이의 국경이 해제되며 모든 비시민권자와 무비자 입국자의 거주가 허용되는, 그런 기분이었다. 떳떳이 주변인일 수 있게 된 계기였다. 정병규가 북 디자인 지론처럼 제시한 조어가 '책격(冊格)'이라는 말이었다. 사람은 스스로 인격을 갖추지만 사물인 책은 그럴 수 없으니 디자이너가 대신 책격을 세워 준다는 의미다. 책이 머금은 저자의 음성, 시선, 포즈 등을 감촉하여 그에 어울릴 시각적 격조를 생성해 내는 일이 북 디자인이라고 했다. 그래서 북 디자이너는 책격을 짓는 이라고, 정병규는 힘주어 단언했다.

앞으로는 북 디자인을 하듯, 북을 치듯 글을 써야겠다고 반성했다. 책을 읽고 대하는 자세를 교정하려고 나름대로 연습도 했다. 북 치는 사람 손에 들린 궁그리채가 실은 몰니르였음을 뒤늦게 깨달았다.

전업 주변인

2018년 첫 퇴사 후 1년 남짓 지나 재입사하고, 2023년 6월 권고사직 처리되었다. 회사 경영 악화로 여러 임직원들과 동반 실직했다. 직장 생활 십여 년 만에 실업급여라는 것을 받게 되었다. 고용복지센터가 안내해 준 총 수급 기간은 팔 개월이었다. 그사이 소설을 쓰면서 틈틈이 재취업 준비를 해보자고 계획을 세웠다. 다른 글을 쓸 수도 있었을 텐데 왜 하필 소설이었을까.

잘 모르겠다. 그냥 그러고 싶었다. 회사 생활을 하면서 알게 모르게 소설 창작의 욕구가 피어났는지도 모르는 일이다. 사업 제안서 업무에 시달리며 '기승전결 없는' 소설을 정서적 이완제로 삼았고, 북 치는 사람 아래 수습생으로 일하며 디자인과 문학의 교유를 체험했으니, 전혀 인과관계가 없는 것은 아니다. 뭘 쓰지. 제대로 쓸 수나 있나. 배운 적도 없는데. 노트북의 문서 작성 프로그램을 열어 놓고 암담해졌다.

오래전 어느 잡지에서 읽은 시인 김경주의 발언을 독경하듯 중얼거렸다. "문학은 재능이 아니라 용기, 골방 미스터리가 되지 말 것." 영화감독 우디 앨런도 예술가의 태도를 두고 비슷한 말을 했었다. "재능은 운, 진짜 중요한 것은 용기(Talent is luck. The important thing in life is courage)." 유명한 작가들이 하는 말이니 믿을 만하겠지. 회사 출근 시간과 동일한 매일 오전 아홉 시, 용기를 내고 앉아 진득하게 한 줄 한 줄 써 나가는 연습을 했다.

습작 쓰기와 소설 관련 책 읽기를 이따금 병행했다. 소설책 말고 소설과 소설가에 관한 책. 인터넷 서점에서 검색하니 워낙 수두룩해 장바구니에 골라 담기가 어려웠다. 일단은 한 권만 사 보았다. 종이책은 절판이라 전자책으로 구입한 그 도서는 제목부터가 벌써 『소설가』였다. 저자 이름이 낯익었다. 박상우. 오래전 치과에 갔다가 긴 진료 대기 시간 동안 읽은 이상문학상 작품집의 표제작 「내 마음의 옥탑방」을 쓴 소설가였다. 대기실 협탁 위 미니 책장에 꽂혀 있지 않았다면 몰랐을 이름이고 제목이다. 당시 친한 친구가 마침 옥탑방으로 이사한 직후여서 자연스레 책에 손이 갔던 것 같다. 나중에 친구네 놀러 가서 알려줬다. 야, 옥탑방 나오는 소설도 있더라. 잘 살아.

직업적 주변인으로 지내 오다 소설을 한번 써볼까 마음먹었던 인간에게 『소설가』는, 어린 시절 석가탄신일 기념 수계식 때 받았던 연비(燃臂)처럼 뜨끔했다. 태도를 재편할 필요를 느꼈다. 나는 소설을 쓰고 싶어야 하나, 소설가를 바라는 것이어야 하나. 여전히 쨍한 빛점으로 향내를 발하는 본문 안 그 문장을 옮겨와 본다.

"'글을 쓰고 싶다'는 생각과 '소설가가 되고 싶다'는 생각은 근본적으로 다르다. 글을 쓰고 싶다는 건 단순한 표현 욕구를 반영한다. 하지만 '소설가가 되고 싶다'는 건 평생 종사할 자신의 직업을 결정하는 일이다. (…) 모든 문제의 출발점이 되는 이 지점에서부터 많은 사람들이 어정쩡하고 어설픈 태도를 보인다. 그로부터 시간과 열정을 비롯하여 많은 부수적인 문제들이 발생한다."

소설가를 평생 직업으로 삼는다? 한 번도 고려해 본 적 없는 선택지였다. 불현듯 무서워져서 자세를 고쳐 앉았다. 주변인 경력 20년, 사무원 경력 10년인 실업자가 감당하기에는 무거운 주제였다. 제도권 문단의 높은 '채용' 장벽을 넘어설 자신도 없었다. 그래서 우선은 '글-소설을 쓰고 싶은 마음'에만 집중하자고 생각했다. 팔뚝이 계속 따끔거렸다.

2023년 7월부터 12월까지 날마다 조금씩 용기를 내고 앉아 열 편 남짓한 단편소설을 완성했다. 지금 이 글을 쓰는 2024년 1월 한 달간은 재취업을 위한 이력서와 포트폴리오를 만들고 고치면서 입사 제안을 한 몇몇 디자인 회사와 미팅을 하고 있다. 수입이 완전한 제로인 상황이라 다달이 들어가는 관리비, 생활비, 보험료, 반려묘 사료 값이 상당한 압박이다. 직업으로서의 소설가라면 이러한 경제적 준산도 노련히 넘어갈까. 묠니르가 그들을 공중으로 들어 올려 산맥을 타고 넘도록 신력을 발휘해 줄까.

소설은 친히 인간계의 어느 주변인에게 내려졌으나 '소설가'는 여전히 신의 영역처럼 우러러볼 높이에 있다. 소설은 계속 쓸 것이나 소설가로 취직해 새 경력을 써나가는 일은 쉽게 결정하지 못하겠다. 지금은 『소설가』의 위 인용문처럼 "어정쩡하고 어설픈" 이 마음이 부끄럽지만 가장 정직하다. 전업 주변인은 그저 두 손을 모으고 허리를 곧추세울 따름이다.

| 작가의 말 |

"고흐의 그림을 영화라 치고 사람들에게 '플롯' 중심의 감상문을 받는다면 어떻겠나. 공간적 배경은 프랑스 아를 지방의 포룸 광장에 실재하는 카페 테라스이고, 시간적 배경은 한밤중이고, 야외 테이블 상당수가 비어 있으며, …… 이러한 분석적 리뷰가 과연 고흐의 작품에 온당한가." 정확하지는 않지만 아마도 이런 취지의 얘기였을 것이다. 발언자인 영화감독 기예르모 델 토로는 이어서 "나는 플롯에는 전혀 관심이 없고 그 대신 '스타일'에 천착한다."라고 말했다. 고흐가 그린 〈밤의 카페 테라스〉 속 하늘에는 꽃잎의 형상을 한 별들이 떠 있다. 이 이미지를 감각함으로써 발현된 내 마음속 일렁임은 확실히 '서사성'과는 무관한 것이었다. 고흐의 '스타일'이 그러한 마음의 작용을 일으켰을까. 아직까지는 그렇다고 믿는 입장이다. 보잘것없는 이야기를 얼기설기 써나가면서도 '하지만 누군가의 심동(心動)을 자극할 수 있을지 몰라.' 하는 꿈을 꾼다. 소설 쓰기를 쉽게 포기할 수 없는 까닭이다. 포기하려는 심정도, 포기 못하겠는 미련도 다 꿈만 같다.

임재훈
2023-4 스토리코스모스 신인소설상 당선
웹북 『공동』 『주변인으로서의 작가』 출간

현실은 복제되지 않는다

―

최이아

―

SF를 어쩌다 쓰게 되었는지에 대한 글을 작성하기로 한 건 참 쑥스러운 일이다. 하기로 했지만, 쑥스럽다는 건 앞뒤가 뒤바뀐 어색한 문장이다. 하지만 내 감정이 이처럼 뒤죽박죽인 걸 어쩌 겠나. 나는 2023년에 한국과학문학상을 받은 이후 단편 소설 몇 편을 발표했을 뿐이다. SF를 쓰는 이유를 논하기엔 활동 경력이 짧아 이야기가 풍성하기 어렵다. 많은 작품을 발표한 SF 작가가 이 글을 본다면 쥐구멍에 몸을 욱여넣을지도 모른다.

그런데 그 무엇보다 내 감정이 이러한 가장 큰 이유는 나의 창작 동기를 보여주는 글에 자기애가 넘칠 게 분명하기 때문이다. 마음속으로는 자제한다고 해도 행간 또는 자음과 모음 사이에서 삐져나오는 자기애까지 막기에는 역부족이다. 이 자기애란 게 생명 같아서 키보드에 손을 올리기만 하면 스멀스멀 글에 스며든다. 쓰는 이는 논픽션 속 자신의 위치를 물리적이든, 감정적이든 현실보다 더 높은 곳에 올려놓기 때문이다.

예전에는 유명 작가가 쓴 에세이나 산문집을 읽다 자기 과시가 넘치는 문장이 나오면 책을 덮고 잠시 심호흡했다.

'그래, 인간이란 무엇인지, 인간의 삶이란 무엇인지 탐구하다 보면 필연적으로 자기 자신에게 빠져들 수밖에 없을 거야. 저렇게 자신감을 가져야 글을 쓸 수 있는 거겠지.'

이렇게 나를 안정시킨 뒤 실눈을 뜨고 다시 책을 펼쳤다.

이처럼 나의 읽기와 쓰기는 자신을 정면으로 마주하거나 내면의 이야기를 꺼내는 게 서툴다. 많은 훈련을 거쳤으나 여전히 어색하다. 글의 여러 종류 중에 소설 쓰기를 갈망한 이유 중 하나는 사건과 배경, 등장인물을 통해 나의 이야기인지, 아니면 취재한 소재인지, 또는 상상으로만 탄생한 글감인지 숨길 수 있기 때문이었다. 은유 작가는 저서 '쓰기의 말들'에서 '자기가 발 디딘 삶에 근거해서 한 줄씩 쓰면 된다'라고 했으나 난 이게 참 어렵다.

그런데 한편으로는 지금 아니면 어떻게 이 주제로 글을 쓰겠나 싶었다. 앞으로 어떻게 될지는 모르나 책을 몇 권 낸 작가가 된다면(못 낼 수도 있지만) 나의 성향을 미뤄봤을 때 내 이야기를 더 숨기려 할 가능성이 높다. 누군가 물으면 평범하게 대답하거나 아니면 씩 입꼬리를 올리며 "글쎄요"라고 말할지도 모른다. 한 대 쥐어박고 싶을 정도로.

지금이라면 이제 막 시작하는 단계의 작가로서의 설레는 감정과 미래에 대한 두려움을 글에 녹여낼 수 있지 않을까 하는 생각이 들었다. 초심자의 생경함과 투박함. 뭣도 모르고 내지르는 용기. 정말 솔직한 글이라면 이런 소재만큼 재밌는 이야기도 없지 않나 싶다.

이 글을 몇 년 뒤에 보면 얼굴을 붉히겠지만 그건 또 그거대로 괜찮을 거 같았다. 이때 나의 감정을 읽는 미래의 내가 무언가를 깨달을 수 있기 때문이다.

마지막으로는 새 여정을 시작하는 단계에서 자신을 마주하는 훈련을 하는 것도 나쁘지 않을 거 같았다. 언제까지 나를 회피하는 것을 최우선으로 하며 글을 쓸 수는 없는 노릇이다. 진정 가슴을 울리는 건 솔직 담백한 글이라는 걸 나 역시 모르는 게 아니다. 그렇게 쓰는 게 힘들 뿐이지.

1. 내 삶의 SF적 장면

여정의 시작은 내 삶의 SF적 장면으로부터 시작하고자 한다. 여기서 제시한 SF적 장면이란 현실인 건 맞으나 도대체 현실 같지 않은 일이 눈앞에서 벌어진 것을 의미한다. 이 장면은 초자연적 현상이라기보다는 인간 또는 인간이 처한 상황이 내게는 전혀 실제 같지 않았던 것들이다.

살아온 생이 짧건 길건 그 누구나 이런 일은 숱하게 경험할 것이다. 모든 생은 현시점에서 과거를 사유하기 때문이다. 또 어떤 장면이 비현실로 다가올지는 개인의 성향과 주관에 따라 차이가 크다. 이 차이의 폭은 한 개인이 가늠할 수 없을 정도다.

그렇기에 사전 설명이 필요한데 나는 수없이 많은 장면 중 '글을 쓰고 싶다'라는 생각을 들게끔 한 네 컷을 골랐다. 기억에 남는 장면이야 이것들 말고도 많지만, 이 글에서 소개하는 네 컷은 소설 소재로 활용하지 않은 사례들이다.

#1

첫 번째 장면은 중학교 3학년 1학기 기말고사 때다. 내 기억으로는 세로로 한 줄씩 총 네 개 줄로 나눠 앉아 시험을 보고 있었다. 시험 과목은 국어였고 감독은 남자 선생님이 맡았다.
시험 시간이 절반 정도 흘렀을까.
내 옆에서 '빡', '빡' 하는 소리가 아주 크게 두 번 울렸다. 감독 선생님이 내 옆의 줄 제일 앞에 앉은 학생과 그 뒤에 앉은 학생의 뒤통수를 후려갈긴 것이다. 그러더니 이 선생님은 발길질로 두 학생을 의자에서 넘어뜨렸다. 선생님은 안경을 낀 학생들에게 어디서 커닝하느냐고 추궁했다. 같은 반 학생들은 부정한 짓을 하지 않았다고 항변했다.
선생님은 둘의 뒷덜미를 잡고 교실 뒤쪽으로 끌고 갔다. 둘을 뒤쪽에 있는 칠판으로 던졌다. 이 둘의 등이 칠판에 부딪혔다. 흑색 칠판이 흔들거렸다. 분필 가루가 날렸다.
선생님은 처음에는 손으로, 정확히는 주먹으로 둘을 사정없이 때렸다. 어느 정도냐면 권투 선수처럼 훅과 스트레이트, 어퍼컷을 고루고루 섞어 전력을 다해 때린 것이다. 두 학생은 두 손으로는 머리를 감쌌고 한 발은 무릎을 굽혀 복부를 방어했다. 이렇게 방어해도 빈틈은 있었다. 선생님이 아랫배로 주먹을 날리자 두 학생은 숨을 캑캑거리며 그대로 바닥에 쓰러졌다.

선생님은 쓰러진 그들에게 어디 감히 날 속이려 하느냐며 소리를 질렀다. 하지만 두 학생은 눈물을 쏟으며 절대 커닝하지 않았다고 울부짖었다.

그 시대, 그 상황에서 권력 우위에 있던 선생님은 더 흥분했다. 선생님은 이번에는 발로 두 학생을 사정없이 걷어찼다. 발이 살과 뼈에 맞는 둔탁한 소리가 교실을 울렸다.

이건 무자비한 폭력 그 자체였다. 당시에는 선생님의 훈육 중 체벌이 있었으나 자로 손바닥을 때리는 수준이었지 이 정도가 일반적인 건 아니었다.

시험 시간은 아직 끝나지 않았다. 내 뒤에서는 어마어마한 소리가 나고 있었지만, 고개를 휙 돌려 빤히 응시할 엄두는 나지 않았다. 덜덜 떨리는 손으로 남은 문제를 풀었다. 문제를 몇 개 더 풀다 보니 '저러다 죽는 거 아니야?'라는 생각이 들었다. 하지만 엉덩이를 의자에서 뗄 수 없었다. 선생님을 말리는 상상을 하는 것만으로도 무서웠다.

그러다 나까지 맞으면? 나까지 공범으로 몰리면?

이 공포가 교실을 아주 무겁게 짓눌렀다. 나뿐 아니라 아무도 움직이지 않았다.

결국 시험 시간이 끝나기 전 선생님은 둘을 교실 밖으로 데려갔다. 감독은 소란을 듣고 온 다른 선생님이 대신 맡았다.

두 학생이 시험 문제의 정답을 서로 주고받기로 사전 모의 했는지는 이 사건이 벌어진 며칠 뒤 결론이 났다. 그러나 결론을 여기에 쓰는 건 별로 중요치 않다. 그보다는 그때 그 상황에 주목하고 싶다. 교실 뒤편에서는 폭력이 행해졌다. 학생들은 뒤도 돌아보지 못한 채 문제를 풀었다. 폭력과 비명 그리고 컴퓨터용 사인펜이 OMR 카드를 마킹하는 소리가 아주 조화롭게 공존하는 비현실적 공간.

문제를 다 풀고 나서는 컴퓨터용 사인펜을 손등 위에서 하염없이 돌렸다. 펜이 손등 위에서 핑그르르 두 바퀴 돌면 마음이 누그러졌다. 그거 말고 내가 한 거라고는 아무것도 없었다.

#2

두 번째는 농구 장면이다.

고등학교 2학년 때 반 대항 농구대회를 앞두고 학교 근처 아파트 단지 농구장에서 연습 시합을 했다. 나와 같은 편을 먹은 친구들은 모두 나보다 실력이 좋았다. 상대 팀 실력도 수준급이었다. 고등학교 2학년이니 체력도 좋아 농구 코트를 쉴 새 없이 뛰어다녔다.

그런데 경기를 하면 할수록 고등학교에서 농구 잘하기로 손가락에 꼽히는 친구들의 실력과 내 실력의 차이가 두드러졌다. 운동신경이 더 뛰어나지 않은 것은 물론이거니와 농구에 쏟은 시간 역시 그들보다 내가 적으므로 실력 차이가 나는 건 당연했다.

그러나 짜증이 샘솟는 건 당연하게 받아들일 수 없었다. 시간이 흐를수록 내가 공을 가지고 있는 시간이 줄어드는 게 확연히 느껴졌다. 친구는 내게 기회가 나도 패스하지 않았다. 패스란 골이 들어갈 확률이 높은 선수에게 하는 것이니 당연했다.

숨은 차올랐고 감정은 흥분되었다. 코트를 더 열심히 뛰어다녔다. 거칠게 쉬는 숨이 아주 편하게 느껴졌다. 그때였다. 우리 편이 상대 팀 진영에 던진 슛이 림을 맞고 높이 튀었다. 이 공은 상대 팀 선수의 손을 맞고 또 위로 튀어 올랐다.

나는 골대를 바라보고 섰을 때 우측 3점 슛 라인 바로 안쪽에 있었다. 공이 코트 바깥으로 나가는 게 당연해 보이는 그 순간 나는 점프했다. 근데 내 시야가 한없이 올라갔다. 어느새 내 눈은 백보드의 가장 위쪽에 있었다. 공을 잡은 내 오른팔부터 발끝까지는 팽팽히 당겨진 장궁의 활등처럼 휘었다.

공중에서 잠시 멈칫한 뒤 코트에 착지했다. 상대 팀 선수와 우리 팀 선수 모두 입을 다물지 못했다. "네 몸이 활처럼 휘었다"라는 건 친구가 해준 말이었다.

이 같은 일은 딱 한 번뿐이었다. 그때 그 순간을 떠올리며 숱하게 뛰어올랐지만 내 시야가 백보드 위로 향한 적은 그 이후로 단 한 번도 없었다. 고등학교 친구들이 지금도 그때 이야기를 꺼낼 정도로 나에겐 기이한 일이었다.

내 평소 신체 능력을 훨씬 뛰어넘는 비현실적인 일은 어째서 일어났을까.

초능력을 가진 지구인, 아니면 다른 세계의 존재가 우연히 코트를 지나쳐 가다가 땀만 뻘뻘 흘릴 뿐 공도 제대로 못 잡는 내가 너무 딱해 보여 염력을 이용해 잠시 띄워준 것일까. 아니면 잘하고 싶은 욕망과 고양된 감정이 한데 뒤섞이면서 아드레날린이 과다 분비되어 아주 짧은 순간 신체 능력이 강화된 것일까. 이도 저도 아니면 친구들의 선심성 격려를 과대 해석한 나의 착각?

#3

세 번째 장면은 2020년 2월 27일 정부서울청사 인근이다.
당시 이곳에는 한국마사회의 부조리를 고발하는 유서를 남기고 스스로 목숨을 끊은 고 문중원 열사의 시민분향소가 차려져 있었다. 시민분향소와 함께 유가족이 머무는 천막이 좁은 공간에 오밀조밀 모여있었다.
아침 바람은 차가웠다. 두꺼운 패딩 사이로 찬바람이 스며들었다. 이날 아침부터 시민분향소를 지키기 위해 많은 이들이 모여들었으나 강제 철거 행정대집행을 수행하러 온 인력에 비하면 한참 적었다.
살을 에는 바람이 가시기 전 경찰이 고 문중원 열사 시민분향소를 둘러쌌다. 잠시 후 파란 조끼에 흰색 안전모를 쓴 용역업체 직원 수백 명이 경찰이 열어준 길을 통해 열을 맞춰 안쪽으로 들어왔다. 종로구청 관계자로 보이는 이들도 보였다. 우리는 시민분향소 앞에 겹겹이 쪼그려 앉았다.
용역업체 직원들은 제일 앞줄에 앉아있는 이들부터 끌어냈다. 스크럼을 짜고 버텨도 끌려 나가지 않을 수 없었다. 용역업체 직원들의 체급은 헤비급 이상이었다. 이들의 팔뚝은 다부졌고 손아귀 힘은 매서웠다. 강제 철거를 막으려 한 이들이 아무리 저항해도 시민분향소가 철거되는 데는 그리 긴 시간이 걸리지 않았다. 누군가는 찬 아스팔트 바닥에 누웠고 어떤 이는 경찰에 연행되었다.

몸과 몸이 부딪히는 사태가 일단락되자 그제야 용역업체 직원들의 면모가 눈에 들어왔다. 이들은 한눈에 봐도 앳되었다. 10대 후반이거나 아니면 고작해야 20대 초반 정도. 무리를 앞에서 이끄는 업체 직원 역시 20대 초중반 정도로 보였다.

분향소 철거를 마무리한 용역업체 직원들은 삼삼오오 무리 지어 담배를 태웠다. 겉옷을 벗은 이들의 팔뚝과 목에는 커다란 문신이 보였다. 용역업체 직원들은 담배 연기를 내뿜으며 좀 전의 활약에 대해 왁자하게 떠들었다. 이걸 가만 보고 있자니 저들이 그렇게 미울 수가 없었다. 이들의 어린 외모에 내 편견을 들이대고 싶은 욕망을 참기 힘들었다.

'어린놈들이 지금 여기가 어떤 자린 줄 알고 고작 아르바이트비 벌려고 이런 일을……'

이 말을 마음속으로 수없이 되뇌었다. 그러면서도 그들이 궁금했다. 구청 사람을 애써 찾아 어떤 용역업체에 의뢰했는지 물었고 그는 선뜻 대답하지 않았다. 궁금해하는 이유를 알려주니 이 구청 관계자는 개인적 견해라는 걸 전제한 뒤 말을 꺼냈다. 서울에 오는 용역업체 직원들은 대부분 비수도권 지역에서 온 이들이라고 전했다. 이들 중 상당수가 조직에 연계되어 있거나 아니면 신흥 조직 창설에 주력한다는 게 이 관계자의 개인적 견해였다.

물론 용역 깡패와 철거당하는 이들의 이야기는 꽤 진부하다.

앳된 용역업체 직원, 용역업체를 비호하는 경찰, 폭력 앞에 무력한 철거민. 이는 수십 년 동안 소설, 영화, 드라마, 웹툰 등등에서 셀 수 없이 활용된 소재다. 용역업체에서 일하는 분들을 현장에서 처음 본 것도 아니었다.

그렇다면 무엇이 이리 생소할까.

이 고민을 하며 현장을 떠나지 않았다. 저 10대, 20대 용역업체 직원들과 우리를 번갈아 바라봤다. 그 장소에 끝까지 남아 여기에 모였던 사람들이 떠나는 걸 지켜봤다.

용역업체 직원의 말간 눈을 바라보고, 노동조합 활동가의 팔뚝질을 쳐다보고, 철거를 수행한 팔뚝의 문신을 주시하고, 목토시를 한껏 올린 경찰을 째려보고, 차가운 바람에 흩날리는 담뱃재를 응시했다.

그러면서 이런 생각을 했다. 우리와 저들 중 누가 진짜 현실에 있는 것인가. 누가 현실에 살고 있고 어느 쪽이 타성에 젖어있는가.

물론 고 문중원 열사의 시민분향소 강제 철거가 부당하다는 생각에는 변함없었다. 그러나 카메라의 관점을 아예 다른 시각으로 돌리면 어느 쪽 인적 구성이 과연 더 현실 속 삶에 부합하는 것인지에 대한 고민이 생기지 않을 수 없었다. 불안정 노동 계급인(것으로 보이는) 저들과 기업 정규직과 노동조합 상근 간부로 구성

된 우리 중 누가 더 현실을 극명하게 드러내는 존재인가. 이날 이후 누가 더 비현실에 가까운 삶을 살게 될까.

꼬리에 꼬리를 물고 물음표가 수없이 생성되었으나 진부한 대답 외에 다른 생각은 돋지 않았다. 현상을 통찰할 수 있는 능력은 사라지고 없었다.

두 손가락으로 턱을 잡고 생각에 잠겨있는데 누군가 내 패딩 잠바를 툭 쳤다.

"여태 뭐해. 밥 먹으러 가자."

우린 광화문 부근의 국밥집으로 향했다. 점심 식사 시간에는 줄을 서야 들어갈 수 있는 곳이었다. 30분 정도 기다렸다. 들어가자마자 국밥은 당연히 1인당 한 개씩 주문했고 수육도 곁들여 시켰다. 수육은 쫄깃했고 깍두기는 아삭했다. 국물은 시원했다. 어느새 내 국밥 그릇에는 국물 한 방울 남아있지 않았다.

#4

네 번째 장면은 빛에 관한 내용이다.

계단형 강의실은 건물의 반지하에 있었다. 창이 없어서 불이 꺼지면 암흑 그 자체인 강의실이었다. 답답했지만 자연대 본관에 이보다 큰 강의실은 없어서 전공 필수 과목은 여기서 강의했다. 나중에 신관이 완공되고 나서는 햇빛이 뒤쪽에서 잔잔히 들어오는 계단형 강의실에서 수업했으나 이건 이 장면 발생 시점에서 봤을 땐 미래의 일이었다.

난 여느 때처럼 계단형 강의실의 가장 뒤쪽에 앉았다. 늘 뒤쪽에 모여 앉는 이들이 있었는데 역시나 대개 학업에 큰 관심이 없고 학점은 높지 않은 무리였다. 이 무리 속에 있으면 아늑했기에 졸업은 쉽지 않았다.

어찌 되었든 그날 역시 다른 날과 별로 다를 게 없는 수업 시작 전이었다. 일찍 강의실에 도착한 난 뒷자리에 앉아 다리를 꼬았다. 엉덩이는 등받이에서 떨어트리고 고개는 뒤로 젖혔다.

교실 앞문으로 학생들이 들어왔다. 이들 대부분은 앞에서부터 자리를 채웠다. 화이트보드는 깨끗이 닦여 있었고 내 교재도 하얬다. 여백의 미를 보여주는 내 교재와 달리 낡은 책상은 흠집이 적지 않게 나 있었다. 강의실 위치가 반지하인 터라 눅눅한 냄새도 났다. 손으로 코를 훔쳤다. 그러면서 내 주변에 변하고 있는 건 뭔지 골똘히 생각했다.

교수님이 들어오고 이제 막 강의가 시작되려던 때였다. 닫힌 앞문이 다시 열리더니 학생 몇 명이 들어왔다. 고개를 숙이고 들어오는 이들은 서둘러 비어 있는 앞자리에 앉았다. 그중 제일 앞줄 가운데쯤에 앉은 학생에게서 뭔가 어른거렸다.

젖힌 고개를 바로 세웠다. 엉덩이를 등받이에 가져다 댔다. 눈가에 힘을 줬다.

그 학생에게서 어른거리는 건 분명 빛이었다. 앞서 여러 차례 강조했지만, 강의실은 반지하에 있고 창은 없었다. 빛이 벽을 뚫을 수는 없다. 근데 이 학생의 머리 뒤에서는 정말 광채가 동그란 띠를 이루고 있었다. 너무 뻔한 설정을 끌어다 쓰는 거짓말 같아 보인다 해도 어쩔 수 없다. 그 당시 내 눈에 이 학생은 자체 발광했다.

옆자리에 앉은 학우를 팔꿈치로 쳤다. 학우는 세상만사 귀찮다는 표정으로 날 바라봤다. 나는 또 한 번 팔꿈치로 이 학우의 팔을 치며 앞쪽을 손가락으로 가리켰다. 학우는 이번에는 미간을 찡그리더니 '심심하면 너나 나가서 놀아라. 나는 이 수업 더 빠지면 안 된다. 졸업은 해야 하지 않겠니'라고 눈으로 말했다.

고개를 다시 앞으로 돌려 방금 들어온 학생의 뒷모습을 멍하니 바라봤다. 굵은 웨이브가 나 있는 갈색 머릿결 주변 빛의 띠는 방금보다 조도는 약해졌지만, 여전히 빛났다.

그때 누군가 말했다.

'저분이야……'

고개를 휙휙 돌렸다. 내 귀에만 들리는 목소리였다.

'뭐라고?'

내가 물었다.

'저…… 분…… 이…… 야.'

이번에는 학우가 내 어깨를 쳤다.

"야, 정신 안 차려?"

학우는 필기가 전혀 없는 내 노트와 교재를 바라보며 말했다. 이 수업은 다시 듣는다고 성적이 잘 나오리란 보장이 없다고 학우는 강조했지만, 당시 내 귀에는 아무 말도 들어오지 않았다. 대신 스스로 만들어 낸 것 같은 말만 귓가에 맴돌았다.

인간에게서 빛이 나는 설정 역시 우리에겐 익숙하다. 그렇다면 영상 콘텐츠를 통해 이뤄진 반복 학습이 도파민 과다 분비와 겹쳐 내 시야에 착시를 일으킨 것이라는 추론을 해 볼 수 있다.

과학적 관점으로는 그 학생이 내뿜는 광자가 급격히 증가했을 수 있다.

사람의 세포소기관인 미토콘드리아는 에너지를 생성할 때 가시광선을 발생시킨다는 연구 결과가 있다. 이 가시광선은 사람의 눈이 인식하지 못할 정도로 약해 눈에 보이지 않을 뿐이다. 그런데 그 학생이 내가 알 수 없는 이유로 미토콘드리아의 에너지 생성이 급격히 증가했고, 이 때문에 사람의 눈이 인식할 수 있을 정도의 빛을 발산했을 수 있다.

사람이 성자에게서 봤다는 후광 현상은 이 둘을 조합해서 생각해 볼 수 있다. 성자의 박애가 충만할 때 미토콘드리아는 세포가 쓰는 에너지를 크게 늘린다. 성자를 향한 사랑의 감정이 차오른 이는 도파민을 마구 생산한다. 이 두 가지 상황이 맞물리면 평소에는 보지 못할 빛을 감지해 낼 수 있지 않을까. 그렇다면 이건 초자연적인 현상이라기보다는 자연적 현상의 일부라고 해석해야 한다.

인간에게서 빛을 본 일은 그 이후로는 없었다. 그때 경험한 그 영험한 빛이 자연 현상일 수 있다는 생각에는 변함이 없으나 재차 경험한 적이 없다는 이유에서 비현실적 장면으로 꼽았다. 난 여전히 그 학생이 내게 빛을 보여준 이유를 찾고 있다.

2. 나에게 무엇이 문학인가

나는 내가 본 장면들을 글로 쓰고 싶었다. 글을 쓰는 행위를 통해 내가 가진 분노와 의문에서 해방되길 바랐다. 쓰기를 수행하면서 나 자신을 어떻게 호명해야 하는지 찾고자 했다.

소설을 쓰고자 하는 동기를 보여주는 이 문장에 진심이 담겨 있지 않은 건 아니었다. 하지만 동기를 멋지게 포장하고 싶어 하는 의도가 없다고 할 수도 없었다. 내 감정에 집중하길 원하면서도 또 한편으로는 멋지게 보이고 싶은 욕망. 이게 처음 소설을 쓰기 시작했을 때의 나였다.

내가 쓴 글이 자아를 뽐내거나 타인에게 내 감정을 강요하는 측면이 있다는 건 뒤늦게 깨달았다. 특히 내가 신념을 갖고 활동한 노동 분야에서는 더더욱 그러했다.

다음 문단은 처음 설립한 노조의 부위원장을 맡은 은영을 화자로 한 습작 〈단물〉의 중반 부분 중 일부다.

> 노조는 올해 임금은 전년 대비 월 20만 원 인상을 제시해왔다. 동결 이외의 안은 없다고 한 회사는 9차 교섭 때 처음으로 인상안을 가지고 왔다.
> 회사 부장이 제시한 인상액은 월 1천 원, 연으로 1만 2천 원이었다. 9차 교섭에 노조에서는 기훈과 나와 사무국장이 참석했고 회사는 부장과 센터 매니저, 인사팀 차장이 나왔다. 기훈은 나를, 나는 사무국장을, 사무국장은 기

훈을 바라봤고 회사 교섭위원은 그런 우리를 쳐다봤다. 말은 나오지 않았다.

난 30분간의 정회를 요청했다. 나와 사무국장은 음료 자판기 앞 테이블에 앉아 기훈을 기다렸다. 자판기의 반짝이는 버튼은 비접촉 체온계 화면 색깔과 비슷했다. 기훈은 20분이 지나도 오지 않았다. 시간이 얼마 남지 않아 기훈에게 전화를 걸었으나 통화음만 울렸다. 온몸에 담배 냄새를 묻히고 온 기훈은 부장과 함께 옥상에 다녀왔다고 했다. 기훈은 어깨를 들썩였다.

"안을 낮추는 게 어떨까요?"

기훈이 말했다. 난 부장과 무슨 대화를 했냐고 물었다. 부장은 기훈에게 노조가 임금과 단체협약 요구안을 낮춰야 원청을 설득할 수 있다고 말했다. 노조와 이야기가 통한다는 명분을 자신에게 줘야 원청을 상대로 움직일 수 있다는 것이다.

기훈은 부장의 말이 일리가 있다고 했다. 우리가 9차 교섭까지 하면서 처음 제시한 안을 수정하지 않은 건 고집이자 과욕이라고 기훈은 깍지를 끼면서 말했다. 사무국장은 기훈의 말에 고개를 끄덕였다.

난 회사가 안을 제시하면 교섭하면서 최초의 안을 수정하자는 게 우리의 방침이었다고 강조했다. 주먹을 맞부딪치면서 회사가 안을 내놓지 않아서 우리가 수정안을 제출하지 않은 거라고 했다. 선후 관계와 맥락을 잘 봐야지 부장이 원청을 설득할 것이란 기대부터 가져서는 안 된다고 말하는 내 목소리의 톤은 조금 올라가 있었다. 부장이 그런 이야기를 교섭장에서 하지 않고 쉬는 시간에 기훈만 따로 옥상으로 불러 내 담배를 태우면서 하는 게 괘씸했다.

 기훈은 내 말을 듣더니 부위원장의 말도 일리가 있다고 했다. 사무국장은 기훈의 말에 또 고개를 끄덕였다.

 30분이 지났는데 언제 교섭을 재개할 거냐고 인사팀 차장이 물었다. 난 30분만 더 시간을 달라면서 자판기에서 캔 커피 세 개를 뽑아 인사팀 차장한테 건넸다. 그는 캔 커피 세 개를 한 손으로 쥐었다. 기훈은 안을 수정해서 한 차례 더 교섭하자고 했고 난 결렬 선언하자고 했다. 사무국장은 그 어떤 결정도 내리지 못했다. 기훈은 김 노무사에게 전화를 걸었다.

 〈단물〉에서 위원장 기훈은 은영을 속이고 최초 제시안보다 크게 후퇴한 임금 및 단체협약안을 회사와 합의한다. 은영은 기훈에게 배신당한 충격이 채 가시기 전에 이제 막 군대에 입대한 아들이 위독하다는 전화를 받는다. 동지의 배신과 의지했던 존재의 상실을 겪은 은영은 아들이 신던 양말을 씹어서 삼키는 장면으로 소설은 끝난다.

 이 습작의 결말에 대한 자평은 제쳐두고 여기서 소개한 문단을 보자.

 이 글을 쓰는 지금의 나는 저 소설이 노사 구도를 선명히 이

분화했다고 생각한다. 소설 전반에 흐르는 저 이분법적인 구도가 글의 의외성을 약하게 했다. 노조는 노조처럼, 회사는 회사처럼 너무 전형적이었다. 노사 교섭에는 이보다 더 복잡한 관계성이 얽혀 있는데 그걸 보여주지 못했다. 또한 교섭 과정을 보여주는 서술 분량이 지나치게 많은 건 소설이 새로운 시각으로 전진하는 걸 막았다.

〈단물〉 말고도 노동을 주요 소재로 삼은 습작은 또 있다.

제목이 〈코드에 스며들며〉인 단편 소설 역시 내가 경험한 노조 교섭이나 파업을 있는 그대로 보여주려는 것에서 크게 벗어나지 못했다. 소설 안에서 캐릭터가 어떻게 상호 작용하고 변화하는지 보여주기보다는 작가가 '난 이렇게 살았소'라고 외치는 느낌이랄까. 캐릭터는 사라지고 작가만 남는, 소설이라기보다는 일기나 수필에 가까운 습작이었다.

두 습작의 실패를 겪고서야 소설로 만들고 싶은 자신의 이야기일수록 숙성 시간이 더 길어야 한다는 걸 알았다. 내 기억과 경험에 대한 집착을 버려야 한다는 거다. 그래야 단순히 보여주는 데에서 그치지 않고 삶의 파편을 재료로 활용해 문학으로 승화시킬 수 있지 않을까 싶다. 내겐 아주 소중한 경험일지라도 독자에게는 따분하거나 진부한 이야기일 수 있다.

이 같은 이유로 내 삶의 SF적 장면에서 두 번째로 소개한 젊은 용역업체 직원 얘기와도 거리를 두고 있다. 내가 겪은 장면을 독자에게 투영하고 싶어 할수록 이건 소설이 아니게 된다. 적어도 나는 그렇다.

하나 더 소개하고 싶은 습작 역시 내게 인상 깊은 일이 곧바로 소설이 되진 않는다는 걸 보여주는 글이다. 다음 문단은 뇌 편마비로 거동이 불편한 라나와 청각 장애가 있는 라선을 등장인물로 한 습작 〈나의 사랑하는〉의 중반부 중 일부다.

현관에 발길을 들일 때부터 집안 분위기는 냉랭했다. 엄마는 침대에 누워있었고 라선이 방의 방문은 닫혀 있었다. 외삼촌은 아직 들어오기 전이어서 난 빵만 식탁에 던져놓고는 내 방에 들어왔다.
문을 닫으려는데 또 억울한 생각이 들었다. 왜 내가 눈치를 봐야 하고 불구인 내가 왜 이 집에서만 비장애인처럼 살아야 하는 건지 알 수가 없었다. 내 몸만 의지대로 움직일 수 있으면 그깟 소리 못 들어도 상관없다고 생각한 적이 한두 번이 아니었다. 내 생각대로 움직이지 못하는 게 얼마나 억울한 것인지, 심장마비에도 불구하고 왜 죽지 않고 살아서 월경 때마다 혼자 아무것도 할 수 없는 고통을 겪어야 하는지 난 알 수가 없었다.
내가 알지 못하면 날 살린 엄마가, 나와 함께 태어난 라선이가 나의 존재를 증명하는 것이 마땅했다. 남들은 15분 만에 넘는 언덕을 두 시간 동안 걸은 나에게 가족들은 염려와 함께 대단하다는 격려를 해줘야만 했다.
난 라선이의 방문을 열고 통밀빵을 던졌다. 통밀빵이 라선이의 등을 맞고 바닥으로 구르면서 비닐봉지에서 빠져

나왔다. 통밀빵은 흡사 갈색 벽돌 같았다.

"너 또 치료 거부했지?"

난 다리가 후들거려 오른손으로 문틀을 잡고 말했다. 라선은 뒤로 돌아 침대에 걸터앉았다.

"왜 안 받는 거냐고!"

난 소리를 질렀고 라선은 드디어 손으로 이어폰을 뺐다. 엄마가 내게 걸어오는 소리가 들렸으나 난 뒤를 돌아보지는 않았다. 라선은 나와 똑같이 생긴 눈망울로 날 빤히 바라봤다.

"너만 병원 다니냐? 너만 힘들어?"

라선은 입을 꿈쩍꿈쩍했다.

"무슨 말을 해봐 말을."

엄마는 내 왼팔을 부축하며 그만하라고 했다. 내 왼쪽이 엄마를 뿌리칠 힘이 없는 게 분했다. 엄마한테 분한 게 아니라 나한테 화가 났다. 현관문이 열리는 소리가 났다. 외삼촌은 내가 좋아하는 딸기를 한가득 들고서는 집 안으로 들어오길 머뭇거렸다.

"나은!"

라선이가 소리쳤다.

"나은, 나는 장애 아이야."

라선이의 말에 내 맘이 무너졌다. 침묵하는 만큼 네 속도 썩어들어가고 있을 거란 걸 난 모르지 않았다. 모르지 않았으나 모른 척했다. 그렇게 해야 날 바라보며 살 수 있으니깐. 네가 아닌 날 바라봐야 우리가 쌍둥이란 걸 잊을 수 있으니깐. 쌍둥이를 온전히 낳지 못한 엄마의 괴로움에 휘말려 들어가지 않을 수 있으니깐. 나도 살아야 하니깐.

눈에서는 소리 없이 눈물이 흘렀다. 눈물은 뺨에 붙어 있는 뭉쳐진 머리카락에 스며들었다. 날 부축한 엄마의 손에는 힘이 들어가 있지 않았다. 엄마를 뿌리치고 라선이의 방에 들어가서 난장판을 벌일 만큼의 힘은 내게 애초부터 없었다.

이건 합평 시간에 선생님과 학우들로부터 두 볼이 빨개질 정도로 혹평받았다. 지금의 나 역시 이 글을 다시 읽으면서 귓불이 뜨듯해지는 걸 느낀다.

〈나의 사랑하는〉의 라선과 라나 이야기는 보고 들은 이야기를 각색해서 쓴 글이다. 장애가 있는 쌍둥이 자매와 이들을 돌보는 엄마가 비장애중심주의 세상에서 살아가며 겪는 일들을 그렸다. 결말은 가족이 다 함께 달집태우기를 보면서 손을 잡는 것으로 끝난다.

여기서도 결말이 전형적이란 건 일단 제쳐두자. 대신 저 위의 문단을 보면 라나가 직접 발화를 통해 장애의 문제를 노골적으로 드러내고 있다. 라나는 이어 자신의 감정을 최고조로 끌어올린 뒤 속 이야기를 다 끄집어내고 있다. 정말 말하고자 하는 걸 숨김으로써 읽는 이의 여운을 극대화하는 기법은 전혀 찾아볼 수 없다.

솔직히 말하자면 습작 〈나의 사랑하는〉 중 여기서 소개한 부분은 울면서 썼다. 눈물을 손으로 훔치며, 코를 훌쩍이며 키보드를 두드리는 걸 멈추지 않았다. 그러면서 '와, 감정 찢었다'라고 생각했다. 비록 내가 당사자는 아니지만 그들의 이야기를 타자화하지 않고 성공적으로 소설로 만들었고, 〈나의 사랑하는〉을 읽은 독자들은 나처럼 눈물을 흘릴 거라고 자신했다. 더 나아가 신춘문예는 따놓은 당상이라 여기며 울면서 웃었다.

자기감정에 도취한 이 얼마나 웃기는 상황인가. 돌이켜보면 저 글보다는 저 글을 쓰는 내가 더 소설적 상황에 어울리는 것 같다. 이처럼 소설적 긴장감을 붕괴시키는 감정 과잉에 빠질 것이란 우려 때문에 내 삶의 SF적 장면에서 학교폭력과 사랑에 빠진 장면과도 거리를 두고 있다.

나의 예전 습작 두 개를 소개한 이유는 삶을 그대로 문학에 넣었을 때 내 글이 어떻게 되는가를 보여주고 싶어서였다.

직접 경험이든 취재든 그 자체에만 집중하다 보니 결말의 변동 가능성이 줄어드는, 그러니깐 소설이 또 다른 세계로 나아갈 수 있는 전개를 가로막았다. 예로 설명하면 〈나의 사랑하는〉은 그들에게 행복한 결말을 안겨줘야 한다는 강박이 있었다. 노동을 소재로 한 습작은 노조가 패배해야 한다(현실이 대부분 그러하기에)는 생각에서 벗어나지 못했다.

독일의 철학자 발터 벤야민은 '삶은 예술의 바깥 경계선'이라면서 '삶과의 경계를 넘는 작품은 예술이기를 그만두고 단순히 유사한 것이 된다'라고 했다. 하지만 내 글은 삶을 문학의 정중앙에 그대로 끌고 들어왔다. 독자들을 끌어당기는 예술로 재탄생시키지 못한 것이다.

내 글은 소설로서는 좋은 평가를 받지 못했고 그 어디에도 당선되지 않았다. 이 과정에서 나는 내가 정말 잘 쓸 수 있는 게 순수문학인지에 대해 고민했다.

문학적 사유를 과학철학적 영역으로 넓혀 보는 것도 괜찮지 않을까. 소재와 배경에 둘러친 울타리를 부숴보는 건 어떨까. 겁먹지 말고 쓰고 싶은 대로 써보면 어떤 글이 나올까.

정보라 작가, 김초엽 작가 등 SF 작가들의 열풍이 이미 예전부터 불었고, 순수문학을 쓰던 작가들도 다양한 방식으로 장르적 소재를 기존 글에 접목한 지 한참 지나서야 나는 저런 고민을 하기 시작했다.

3. 잠이 오지 않는 새벽

고민을 거듭할수록 가슴은 불편해졌다. 두근거림 때문에 잠을 잘 수가 없었다. 휴대전화를 켜보니 새벽 3시였다. 침대 밖으로 발을 내렸다. 발바닥에 차가운 감촉이 전해졌다.

잠들기 전에 창문을 열어 놓았더니 집안에 냉기가 돌았다. 9월 넷째 주 토요일 새벽바람은 서늘했다. 얇은 외투를 입지 않으면 감기 걸릴 것 같아 옷장을 뒤적였다. 옷장에는 반팔 티만 가득했다. 가을옷은 보이지 않았다. 가을옷은 아직 종이상자에 담겨 있었다. 새벽에 종이상자를 꺼낸 뒤 이를 열어서 외투를 꺼낼 만큼의 활기는 내게 없었다. 두 손으로 어깨를 감싸안고 세차게 비볐다. 아주 조금 온기가 돌았다.

거실로 이동해 소파에 앉았다. 심장 박동은 좀체 수그러들지 않았다.

쿵쿵……

두어 시간 심장 소리가 층간 소음처럼 울렸다. 따뜻한 물을 마셔도 좀체 진정되지 않았다. 고개를 뒤로 젖히고 손가락으로 눈꺼풀을 눌렀다. 다시 누울까, 하다가 몸을 일으켜 세웠다. 집 근처에 있는 공원을 뛰기 위해 운동화를 신었다.

새벽 공기가 얼굴에 닿는 촉감은 상쾌했다. 한여름에 얼음이 가득 들어 있는 유리잔을 볼에 살며시 대는 느낌이었다. 숨을 크게 들이마셨다.

스트레칭과 준비운동을 하고 나서 달리기 시작했다. 새벽 어스름은 걷히지 않았으나 이미 공원은 걷거나 뛰는 사람들로 가득했다.

1킬로미터를 뛰자 두근거리던 가슴이 되레 차분해졌다. 뛰는 속도를 천천히 높였다. 최근에 7킬로미터를 43분 46초에 뛰었는데 오늘은 기록을 단축할 수 있을 것 같았다.

달린 거리가 2킬로미터에 이르자 호흡은 뜀박질에 적응했다. 그러자 새벽잠을 밀어내고 그 자리를 차지한 잡념이 다시 떠올랐다.

내가 쓴 SF는 과연 개성이 있는 것일까. 경험과 거리를 두라는 깨달음은 너무 초보적인 단계가 아닐까. 이제 막 코나 훔치는 수준. 과학철학적 사유는 작품 속에 잘 반영되고 있는가. 근데 SF 유행은 이미 정점이 지났다고들 하던데. 아니, 유행 여부와 상관없이 내게 집중하면서 글을 쓰면 되는 것 아닌가. 그렇게 살려고 글을 쓰기 시작한 거잖아.

그런데 출판사와 독자들은 내 소설을 좋아할까. 왜 청탁 문의가 쏟아지지 않지. 투고작은 이번에는 채택된다고 했나. 어느 유명 작가는 에세이에 밀린 청탁이 너무 많다고 호소하던데 이건 자랑 아닌가. 쳇. 아니야. 너무 성급해하지 말자. 공모전 당선이 끝이 아닌 건 알고 있었잖아. 하지만 그래도 불안한데. 이대로 책 한 권도 못 내는 작가가 되려나. 괜히 글 쓴다 그랬나. 괜히 시작했나.

"목표 거리의 절반을 완료했습니다."

잡념을 주워 삼키는 와중에 무선 이어폰이 말했다.

가쁘게 오르내리는 숨 사이로 '여기서 더 힘을 내야지'라는 의지와 '잠시 걷다가 다시 뛰자'라는 생각이 충돌했다.

이때 어떤 이들이 내 옆을 빠르게 스쳐 지나갔다. 민소매와 짧은 반바지를 입고 러닝을 하는 무리였다. 이들은 바닥을 통통 차며 뛰어올랐다. 모두 다섯 명인 이들의 정강이와 허벅지 근육은 한눈에 봐도 탄탄했다. 운동이 직업이거나 아니면 아주 오랫동안 하체를 단련해 온 게 틀림없었다. 1킬로미터를 5분대에 주파하는 사람들. 내 평균 기록은 1킬로미터당 6분 중반대였다. 그러니 이들의 뜀박질은 내가 따라잡을 수 있는 수준이 아니었다.

충돌하던 두 사고 중 더 힘을 내자는 쪽이 이겼다. 자존심이 상했던 모양이다. 나는 앞서가는 무리의 발걸음 박자에 맞춰 뛰었다. 그들이 땅을 디딜 때 나도 디뎠다. 발바닥 앞쪽으로 땅을 세게 찼다.

민소매 무리를 쫓자 느닷없이 이유리 작가의 등단작인 〈빨간 열매〉가 떠올랐다. 2020년 당선작인 이 작품을 나는 2022년에 처음 읽었다. 그때는 소설 공모전을 한창 준비하고 있을 때였는데 이 소설을 보고 '포기해야겠다'라는 마음을 잠시 먹었었다.

나는 공모전에 도전하고 있고, 공모전은 경쟁이고, 경쟁이란 내 작품이 아무리 좋아도 이보다 압도적으로 좋은 작품이 있으면 떨어지는 구조다. 세상에 저런 예비 작가들이 무더기로 공모전에 지원한다면 내가 비집고 들어갈 틈은 없을 것이라고 여겼다.

내 앞에서 뛰는 사람들의 속도도 상상 이상이었다. 눈으로 볼 때만 해도 이 정도일 줄은 몰랐다. 쫓아서 뛰어 보니 이건 거의 전력 질주 수준이었다. 이렇게 뛰면 1킬로미터당 4분대에 진입할 것 같았다.

"5킬로미터를 완료했습니다. 킬로미터당 평균 시간은…… 케이던스는……"

무선 이어폰이 말했다.

나는 턱 끝까지 숨이 차오를 정도로 헉헉거렸다. 들숨은 차가웠으나 날숨은 아주 뜨거웠다. 내 안에 있는 뜨거운 무언가가 뱉어지는 느낌이었다.

조금만 더 따라가 보자, 조금만 더.

들숨과 날숨이 거칠게 폐를 오가니 오히려 가슴에 꽉 얹힌 게 씻겨 내려가는 기분이었다.

기분이 좋다고 해서 내 근력과 체력의 한계까지 이겨낼 수는 없었다. 러닝을 하는 무리와 나의 거리는 점점 벌어졌다. 그들은 지치지도 않는지 페이스를 유지하면서 뛰었다. 정강이 근육이 쩍쩍 갈라지는 게 보였다.

난 혀를 내두르며 그대로 멈춰 두 손으로 무릎을 잡고 숨을 골랐다. 이때 앞서가는 무리와 같은 운동복을 입은 이가 "화이팅"이라고 외치며 내 뒤에서 바람을 일으켰다. 다시 상체를 일으켜 세웠다. 좀 전보다는 느리지만 그래도 뛰는 걸 멈추지 않았다. 모르는 사람이 건넨 저 한마디가 내게 이 정도의 힘을 북돋아 줄 것이라곤 예상하지 못했다.

"목표에 거의 도달했습니다."

5백 미터 정도 남았을 때 나오는 말이 이어폰에서 울렸다. 다시 속도를 조금 올렸다. 다리가 후들거렸다. 숨 자체는 여유가 아주 조금 남아있었으나 근력이 부족한 게 느껴졌다. 그래도 멈추지 않고 뛰었다.

"목표 거리를 완료했습니다."

헐떡이는 숨을 고를 새도 없이 팔뚝에 차고 있던 휴대전화를 꺼냈다. 운동 앱을 열었다. 7킬로미터를 뛴 내 기록은 41분 18초였다. 기존 최고 기록 대비 2분 28초를 앞당겼다. 1킬로미터를 달리는 평균 페이스는 5분 54초였다. 6분대를 밑돈 기록은 처음이었다.

기록을 확인한 뒤 공원 벤치에 걸터앉았다. 숨은 한참 동안 차분해지지 않았다. 그러다 길게 숨을 내뱉을 수 있게 되자 벤치 옆에 있는 음수대로 가서 물을 마셨다.

음수대에서 처음 나온 물은 미지근했다. 이 물은 입만 헹구고 뱉었다. 이어서 나온 물을 마셨다. 시원해서 벌컥벌컥 들이켰다. 가슴이 시원해졌다. 물을 다 마신 뒤 벤치에 가서 다시 앉았다. 멍한 채로 쉬고 있자 러닝을 하는 무리가 다시 내 눈앞을 지나갔다. 그들의 페이스는 느려지지 않았고 표정에는 활기가 돌았다. 아마 저 속도로 10킬로미터 이상을 달리는 것 같았다.

나는 웬만해서는 달리기로 저들을 추월할 수 없다. 내가 뛸 때 저들도 뛰니깐. 근데 그렇다고 해서 그게 기분 나빠하거나 좌절할 일은 아니지 싶었다. 힘 빼고 천천히 부드럽게 내 페이스대로. 피식 웃고는 벤치에서 일어섰다.

집에 도착해서 씻으러 가기 전에 내 방의 책장을 훑었다. 손가락으로 책 표지를 더듬거렸다. 내게 용기를 준 작가들의 이름이 검지와 중지 끝을 스쳐 지나갔다.

정보라 작가, 김희선 작가, 김초엽 작가, 황모과 작가, 이종산 작가, 최의택 작가, 아밀 작가, 천선란 작가, 은유 작가, 이슬아 작가, 닉 울븐, 수전 파머, 리치 라슨, 찰리 제인 엔더스, 테드 창, 그렉 이건, 테건 무어, 켄 리우……

책장을 훑는 와중에 뭔가 시큼한 냄새가 올라왔다. 땀 냄새였다. 미간이 찌푸려졌다.

이제 청승은 그만 떨고 씻으러 가려고 상체를 뒤로 돌리려는 찰나 책장이 드르륵거렸다. A 작가의 책과 B 작가의 책 사이에서 빛이 삐져나왔다. 책과 책 사이 간격은 벌어졌고 그 안에서 나오는 빛은 점점 밝아졌다. 눈을 찡그린 채 두 손을 빛 속으로 집어넣었다. 뭔가 만져졌다. 책이었다. 그 책을 빛 속에서 꺼냈다. 책 표지에 적혀 있는 저자 이름은 내……

|작가의 말|

SF의 여러 정의 중 가장 마음에 드는 건 '하나의 목소리에만 귀 기울이지 않고 여러 목소리를 존중하는 방향으로 꾸준히 이동했다'라는 표현입니다.

전 이 문장을 '글을 정의로 구속하지 말라'라는 뜻으로 받아들였습니다.

습작을 시작한 이후 한동안 소재와 배경 테두리에 얽매였습니다.

이 울타리는 누가 쳐 놓은 게 아니라 제가 세운 거였습니다.

그나마 울타리인 게 다행이었습니다.

벽이었으면 지금도 삽으로 땅을 힘차게 파고 있었을 겁니다.

울타리를 내리눌러 밟는 과정의 저를 글에 담으려 노력했습니다.

제 글을 읽어주신, 제게 기회를 주신 독자들께 감사드립니다.

최이아
2023년 제6회 한국과학문학상 중단편 부문 우수상 수상
웹북 『랩에서 생긴 일』 『당신도 조심하시오』 『푸리앙』 『현실은 복제되지 않는다』 출간

| 기획 후기 |

소설가를 만드는 건 재능이 아니다

언젠가 나에게 책을 만들 수 있는 기회가 주어진다면 꼭 한번 이런 책을 기획해보고 싶었다. 갓 탄생한 작가들, 아직 문학적 명성을 얻지 못한 채 힘들어하는 작가들의 오염되지 않은 순수한 육성을 모아 놓으면 그 결과물에서 일종의 공통분모가 발견되지 않을까 하는 궁금증, 그리고 그것을 면밀하게 분석해보면 소설가가 되고자 하는 심리적 경로와 물리적 경로 사이에서 소설가가 되어야 할 사람들에게만 프로그램된 일종의 운명적 코드 같은 게 발견되지 않을까 하는 기대감이 있어서였다.

다행스럽게도 소설가로 등단하고 활발하게 창작활동을 하는 동안 나는 몇 차례 대학 강단으로부터 제안을 받았지만 때마다 물리치고 지난 25년 동안 '소행성B612'라는 소설창작 커뮤니티에서만 강의하며 백여 명이 넘는 등단자를 배출했다. 자연스런 흐름이겠지만 그런 인생 경로를 통해 이와 같은 기획 의도의 당위성은 내적 심도를 더하게 되었다. 나아가 등단했으나 종이책 유통구조의 제약으로 인해 제대로 활동할 기회를 얻지 못한 소설가들이 문단에 넘쳐나는 걸 안타까워하다가 나 스스로 문학 소통 구조의 변혁을 꾀하기 위한 도전을 감행하게 되었다.

 2022년, 웹으로 책을 읽을 수 있는 웹북 전문 플랫폼 '스토리코스모스'를 만들어 소설가들이 좋은 소설만 쓰면 언제든 독자와 직접 소통할 수 있는 편의적인 채널을 만들었다. 그리고 그 과정에서 문학적 열정이 대단한 소설가들을 많이 만나고 그들로부터 작가가 되기까지의 다양한 경로를 전해 들을 수 있었다. 그래서 그들에게 별다른 요구 조건 없이 소설가가 되기까지 경험한 삶의 경로에 대해 자전적 에세이를 써달라고 의뢰해 드디어 나의 오랜 바람이었던 이 책이 세상에 빛을 보게 되었다.

*

 소설가의 일생은 크게 두 시기로 나뉜다. 소설가가 되기까지의 과정, 소설가가 되고 난 이후의 과정. 이 책에 수록된 자전적 에세이는 당연히 소설가가 되기까지의 과정에 포커스를 맞추고 있다. 등단이란 소설가에게는 새로운 탄생이자 새로운 출발이기 때문에 그 이후의 삶에 대해 초점을 맞추는 건 불가능하다고 봐야 한다. 소설가가 되고 난 이후 평생 창작으로 일관하며 생애를 마치는 사람은 생각처럼 많지 않다. 많지 않은 게 아니고 주목받지 못해 밝혀지지 않거나 드러나지 않은 채 사라지기 때문일 수도 있다. 등단 이후 기회를 얻지 못해 중도 하차하고 다른 인생 경로로 접어드는 사람도 엄청 많다. 그러니 소설가가 되고 난 이후가 아니라 소설가가 되기까지의 과정에서 우리는 운명의 코드 같은 걸 찾아내려 노력해야 할 것이다.

독자들이 이 책에 수록된 8명 작가들의 자전적 에세이를 다 읽었다는 전제하에 나는 딱 한 가지만 묻고 싶다. 저 8명의 삶에서 발견한 공통점은 무엇인가. 장광설을 늘어놓을 생각이 없으니 간단하게 말하는 게 좋겠다. 그들이 소설가가 되는 데 기여한 건 재능이 아니라 '삶의 경로'였다. 그 삶의 경로가 외관상으로는 본인들이 원하는 길을 간 것처럼 보이지만 어디에서도 안정과 평안을 얻지 못한 채 부유하고 방황하며 심리적으로 불안정한 주변인의 삶을 살았다는 점에서 기이한 공통점을 드러내고 있다. 뿐만 아니라 그렇게 불안정한 삶의 경로를 거치면서도 무의식의 저 깊은 기저로부터 '소설을 쓰고 싶다'거나 '소설을 써야 한다'는 무의식적 강박에 시달렸다는 공통점 또한 드러내고 있다.

> 인생이 캄캄하게 느껴질 때마다 백지 창을 띄워놓고 토하듯이, 때로 싸우듯이 썼다. 남몰래 꿈꾸고 은밀하게 써왔다. 습작생이란 어쩐지 수험생이나 고시생과는 다르게 내놓고 말하긴 낯부끄러운 신분이니까. 주로 좌절된 꿈과 망한 사랑 탓에 방황하며 인생을 두고두고 망가뜨리는 애송이들의 이야기였다.
> (……)

돌이켜보면 그랬다. 나를 숱하게 망하게 했던 것들이 나를 쓰게 했다. 사랑이 망해도 망한 나는 남았으니까.
　　　　　　　　　　—이밤 「사랑이 망하고 남은 것들」 일부

왜 하필 소설이었을까. 음악도 있고, 영화도 있고, 그림도 있는데. 그게 뭐든 소설보다 돈이 됐을 텐데. 모두가 더 좋아하고 관심을 가져줬을 텐데. 아버지에게 그런 눈빛을 받지 않아도 됐을 텐데.
　그렇게 오랫동안 자신을 미워하지 않아도 됐을 텐데.
　　　　　　　　　　—이상욱 「나는 소설의 신을 만났다」 일부

직장 생활 십여 년 만에 실업급여라는 것을 받게 되었다. 고용복지센터가 안내해 준 총 수급 기간은 팔 개월이었다. 그사이 소설을 쓰면서 틈틈이 재취업 준비를 해보자고 계획을 세웠다. 다른 글을 쓸 수도 있었을 텐데 왜 하필 소설이었을까.
　잘 모르겠다. 그냥 그러고 싶었다. 회사 생활을 하면서 알게 모르게 소설 창작의 욕구가 피어났는지도 모르는 일이다.
　　　　　　　　　　—임재훈 「주변인으로서의 작가」 일부

인용 글에서 보다시피 소설가가 되기까지 저들이 겪은 삶의 경로는 순탄치 않고 안정적이지 않다. 하지만 그들은 무의식의 발

로처럼 어려운 삶의 경로를 거치는 동안에도 소설에 대한 연결고리를 놓지 않았다. 그리고 그런 경로가 한계치에 이를 때쯤 당선 통지를 받고 소설가가 되었다. 그 순간의 기쁨과 희열을 어떻게 말로 형용할 수 있겠는가.

 경험해본 사람들은 누구나 알겠지만 당선 내지 등단이라는 것은 운전면허를 발급받는 것과 하등 다를 게 없다. 면허를 받고 운전을 하거나 말거나, 차를 사거나 말거나, 사고를 내거나 말거나 누구도 관심을 갖지 않는다. 그들이 소설가로 주목받을 수 있는 유일한 경우는 오직 한 가지, 그들이 좋은 소설로 세상으로부터 인정받게 될 때뿐이다. 그래서 온갖 심리적 물리적 굴곡을 거쳐 가까스로 소설가가 된 이후에도 그들은 불안정한 상태에서 벗어나지 못한 채 불면의 밤을 지새우며 자신을 불사르는 것이다. 오직 좋은 소설을 쓰고, 오직 그것만으로 세상 사람들에게 인정받기 위해.

 이 책에 수록된 자전적 에세이들을 통해 중요한 사실 한 가지가 도출된다. 소설가가 되기까지 저들에게 주어진 쉽지 않은 삶의 경로는 필요조건이지 충분조건이 아니라는 것. 뿐만 아니라 삶의 경로에서 얻은 인생 경험이 의식의 밑거름이 되어 소설의 질료가 된다는 것. 요컨대 그들은 처음부터 타고난 작가적 재능이 있어서 소설가가 된 게 아니라는 것이다. 재능이 아니라 자신들을 견인하고 버티게 하는 무의식적 구원의 방패를 그들은 지니고 있었다. 내면의 가장 깊은 곳에 그 운명의 방패가 칩처럼 꽂혀 있어 위기가 올 때마다 버티고 지탱할 수 있게 해 준 것이다. 힘겹고 버거운 삶의 경로에서 쓰러지지 않고 무릎 꿇지 않을 수 있게 해 준 마지막 자존의 방패—그것이 바로 '소설'이었다.

소설(小說)은 중설(中說)도 아니고 대설(大說)도 아니다. 규모로 따지면 가장 작은 이야기이지만 그 완성도의 측면에서 소설은 중설과 대설을 압축하는 우주알(cosmic egg)의 상징성을 내재하고 있다. 이 세상의 모든 소설은 인간과 인생의 문제를 다루고, 그것을 다루는 소설가는 그것을 전체적으로 연출하는 창조자적 기능을 수행한다. 그 문제를 소설가가 얼마나 진지하고 성실하게 다루는가 하는 걸 계량하기 위해 우리는 '문학성'이나 '작품성'이라는 말을 사용한다. 세상 도처에 소설이 널려 있고 세상 도처에 소설가라고 자칭하는 사람들이 있지만 본질을 아는 사람들은 이 문제가 얼마나 깊은 우주적 심도를 지닌 말인지 인지하고 있을 것이다. 소설가를 만드는 게 재능이 아니라 '삶의 경로'라는 발견에 내재된 우주적 비의를 진지하게 생각해 볼 일이다.

나는 서른 살까지 소설가가 되지 못하면 자살하겠다고 이십 대 초반부터 마음을 굳히고 살아온 극단적 문학지상주의자였다. 이십 대가 막을 내리던 그해, 마지막으로 공모전에 응모하고 당선통지를 기다렸으나 발표일로부터 보름이 지나도록 아무 소식이 없었다. 자정 무렵 자살하기로 결심한 그날 오전 10시경 극적으로 당선통지를 받지 못했다면 나는 지금 이런 기획을 하고 이런 후기를 쓰지 못할 것이다. 구사일생으로 살아났으니 이런 기획이 유의미하게 읽히고, 더 많은 소설가지망생들에게 버티는 힘과 지혜를 줄 수 있기를 빌고 싶다. 소설가를 만드는 건 재능이 아니라는 믿음으로 자학하거나 좌절하지 말고 부단히 나아가기를!

박상우 (소설가·스토리코스모스 대표 에디터)

소설가는 어떻게 만들어지는가

초판 1쇄 발행 | 2024년 5월 5일

지은이 | 방성식 외
편집인 | 이용헌
펴낸이 | 박상우
펴낸곳 | 스토리코스모스
주   소 | 경기도 고양시 일산서구 탄중로 101번길 36, 105-104
전   화 | 031-912-8920
이메일 | editor@storycosmos.com
등   록 | 2021년 5월 20일 제2021-000101호

ⓒ 박상우, 2024

ISBN 979-11-93452-37-0 03810

* 이 책의 판권은 지은이와 스토리코스모스에 있습니다. 양측 동의 없는 무단 전재 및 복제를 금합니다.
* 잘못된 책은 교환해 드립니다.

www.storycosmos.com